समय के सवाल

(आलोचनात्मक लेख)

वाणी प्रकाशन

21-ए, दरियागंज, नई दिल्ली-110002

फोन : 23273167, 23275710, 51562622 फैक्स : 23275710

e-mail : vani_prakashan@yahoo.com

vani_prakashan@mantraonline.com

समय के सवाल

प्रताप सहगल

वाणी प्रकाशन का लोगो
विख्यात चित्रकार मकबूल फिदा हुसेन
की कूची से

ISBN: 81-8143-327-0

वाणी प्रकाशन
21-ए, दरियागंज, नयी दिल्ली-110002
द्वारा प्रकाशित

प्रथम संस्करण : 2005

मूल्य : 195.00

शुभम ऑफसेट, दिल्ली-110032
द्वारा मुद्रित

SAMAYA KE SAWAL
by Pratap Sehgal

सजग मनीषा के लिए
सादर

निवेदन

इस किताब में दो संक्षिप्त टिप्पणियों सहित कुल तेईस लेख संकलित हैं। खंड एक में वे लेख हैं कि जो मैं 'पश्यन्ती' के एक कॉलम 'संप्रति' के लिए लिखता रहा हूँ। संभवतः दो-एक कहीं छूट भी गए हों। इन लेखों में वक्त की नब्ज़ को साहित्य के माध्यम से टटोलने की कोशिश की गई है, तो कहीं उन सवालों से दो-चार हुआ हूँ, जिन्होंने हमेशा मुझे परेशान किया है। भारतीय समाज में पाखंड की भूमिका बहुत गहरे तक धँसी हुई है। उसके सामाजिक, आर्थिक, धार्मिक कारण हैं तो कहीं परंपरा से प्राप्त दर्शन एवं चिंतन को बिना परखे, बिना उसकी चीर-फाड़ किए स्वीकार कर लेने की हड़बड़ी है। कुछ स्वार्थवश, कुछ भीरुतावश और कुछ अज्ञानवश। इन्हीं संदर्भों में यह लेख कुछ सवाल उठाते हैं।

दूसरे खंड में उन लेखों को रखा है जो कहीं तो नाट्य-चिंतन से संबंधित हैं तो कहीं लंबी कविता की पहचान से। 'एक सीरियल के बहाने' सारिका के एक मीडिया विशेषांक में प्रकाशित हुआ था और उस पर कई तरह की प्रतिक्रियाएँ भी हुई थीं। शेष लेख भी पश्यंती, अनुवाद पत्रिका आदि कई जगह प्रकाशित हो चुके हैं। तीसरे खंड के लेख भी या तो कहीं प्रकाशित हुए हैं या फिर वे किन्हीं गोष्ठियों, सेमिनारों में पढ़े गए और बहस का मुद्दा बने हैं और अंत में दो टिप्पणियाँ भी किसी गोष्ठी के लिए लिखी गई थीं। इस तरह यह सभी लेख समय-समय पर लिखे हुए हैं और बहस का सबब बने हैं। यह सभी लेख इधर-उधर बिखरे पड़े थे। अब यह सभी एक जिल्द में प्रस्तुत हैं। संभवतः फिर किसी बहस को जन्म दे सकें।

–प्रताप सहगल

एफ-101, राजौरी गार्डन,
नयी दिल्ली-110027

अनुक्रम

खंड एक

खंड दो

खंड तीन

और अंत में दो टिप्पणियाँ

खंड एक

अनुपस्थित की खोज

पिछले दिनों परिवार में एक शादी थी। शादी में अक्सर हम खाने के वक़्त के आसपास पहुँचते हैं, इसलिए किस शादी की क्या प्रक्रिया रही, इससे हम वाकिफ़ नहीं हो पाते। शादी लड़के की थी। सेहराबंदी का समय था। करीबी रिश्तेदार होने के नाते सेहराबंदी के वक्त भी रहना पड़ा। मुझे पिछली बार सेहराबंदी का वक्त या तो अपना कुछ याद है या फिर अपने छोटे भाई का। दोनों ही अवसरों पर आर्य समाज की रीति से यह कार्य संपन्न हुआ था और बहुत वक्त भी नहीं लगा था। इस बार की सेहराबंदी सनातन धर्म की रीति के अनुसार हो रही थी। ऐसे अवसरों पर रीति का इतना विस्तार हो जाता है कि सब पाखंड लगने लगता है। बहरहाल पंडितजी ने पहले अक्षत रोली आदि से थाल सजाया और मंत्रोच्चार के साथ ब्रह्मा, विष्णु, महेश आदि सहित सभी देवताओं का आह्वान किया। देवता जो सिर्फ़ किताबों में बंद थे, वे किताबों से निकलकर वहाँ उपस्थित हो गए। ऐसा विश्वास दिखाया पंडितजी ने और वहाँ उपस्थित तमाम लोगों ने भी संभवतः इसे ही सत्य माना। मेरी मुश्किल यहीं से शुरू होती है। उन अलक्षित, अनुपस्थित देवताओं की उपस्थिति वहाँ कैसे दर्ज हो सकती है, यह बात समझ में नहीं आई। लेकिन विश्वास की दुहाई देकर सब कुछ उचित ठहराया जा सकता है। पर प्रश्न यह है कि बिना किसी तर्क या राशनैल के जो मान लिया जाता है, उसे विश्वास कहें या अंधविश्वास। जिन्हें ईश्वर या देवताओं के सामने प्रश्न लगाने वाले घोर नास्तिक लगने लगते हैं, उनसे बहस के आधार क्या हो सकते हैं? उन्हें उनके हालात पर छोड़ना ही बेहतर!

इस बात को दूसरी तरह से भी देखा जा सकता है। देवताओं का आह्वान सुरक्षा-कवच देता है। आस्तिकता की छाप। परंपरा का निर्वाह। उस सीमित समाज में प्रतिष्ठा, अपने मन का संतोष आदि-आदि। लेकिन यह भी तो हो सकता है कि अंततः यह हमें उस दिशा में ले जा रहा हो, जहाँ हम अनुपस्थित की खोज में लग जाते हैं। यह भी तो संभव है कि यह सारी प्रक्रिया अनुपस्थित की खोज से ही शुरू

हुई हो और कालांतर में निहित स्वार्थों, अशिक्षा या दूसरे कारणों से अंधविश्वासों और पाखंडों में बदल गई हो। वैदिक साहित्य तो प्रार्थनाओं, आपसी युद्धों, जैविक ज्ञान के विभिन्न मूलाधारों से भरा पड़ा है, लेकिन उपनिषदों में क्या है? वहाँ तो अनुपस्थित की खोज का ही सिलसिला शुरू होता है। यह जिज्ञासा भाव जाग्रत नहीं होता तो नचिकेता न होता। नचिकेता द्वारा यम को दागा गया तीसरा प्रश्न क्या है? क्या वह अनुपस्थित की खोज की प्रक्रिया शुरू नहीं करता। भले ही आज आत्मा-परमात्मा के अंतःसंबंधों या आत्मा का स्वरूप या फिर आत्मा के अस्तित्व को लेकर कठोपनिषद् से हमारी असहमति हो, लेकिन नचिकेता के विद्रोही स्वभाव तथा अनुपस्थित को खोजने की अदम्य इच्छा से तो हमारी असहमति नहीं हो सकती। यही भाव हमें कबीर के करीब ले जाता है, यही भाव हमें बुद्ध को समझने का प्रयास करवाता है, यही भाव हमें अंबेडकर को पढ़ने के लिए उकसाता है।

वस्तुतः 'अनुपस्थित की खोज' करना सामाजिक विकास की प्रक्रिया की एक सार्थक कोशिश है। यह कोशिश न सिर्फ़ हमें वैज्ञानिक आविष्कारों की ओर ले जाती है, बल्कि दार्शनिक एवं नैतिक प्रश्नों के साथ भी दो-चार कराती है। 'सेब नीचे क्यों गिरा?'—जैसे प्रश्न जब तक उपस्थित नहीं हुए तब तक गुरुत्वाकर्षण भी नहीं जाना गया। समाज में उपस्थित, लेकिन सोच में अनुपस्थित द्वंद्वात्मक शक्तियों को जब तक नहीं पहचाना गया, तब तक मार्क्स भी नहीं बना। कृष्ण से अर्जुन ने जब तक पूछा नहीं, तब तक नैतिकता विशेषकर युद्ध-नैतिकता के नए आधार सामने नहीं आए।

सेहराबंदी करते हुए या करवाते हुए न तो पंडित अपनी कोई व्याख्या प्रस्तुत करते हैं और नाहीं दूल्हे अथवा दूल्हे के स्वजनों में ही यह जिज्ञासा होती है कि कोई पूछे। पूछना हमारे समाज में जैसे निषिद्ध कर दिया गया हो और सिर्फ़ यह कहा जा रहा हो कि 'पूछो मत, मानो!' 'सोचो मत, सिर्फ़ अनुकरण करो' और अनुकरण भी किनका, जिन्हें स्वयं मालूम नहीं कि वे कहाँ जा रहे हैं। 'अंधे अंधा ठेलिया, दोनों कूप पड़ंत' वाली हालत हो गई है। मानो एवं 'अनुकरण करो' की शैली के कारण ही हम अपनी विरासत की पुनर्व्याख्या नहीं कर पा रहे हैं। यह मानने में क्या दिक्कत है कि हमारी बौद्धिक संपदा का बहुत बड़ा हिस्सा अमानवीय तथा द्वेष से भरा हुआ है। उसे खारिज क्यों नहीं किया जाना चाहिए! उसे जाना जाए तो इसलिए कि हमें अपने सामाजिक एवं आर्थिक विकास की प्रक्रिया की जानकारी ऐतिहासिक परिप्रेक्ष्य में हो सके, नाकि इसलिए कि हम विरासत के उस गले-सड़े हिस्से को ही अपना वर्तमान मानने लगें। हम क्यों नहीं पुनर्व्याख्या करते। क्या यह नहीं माना जा सकता कि ब्रह्म कोई ईश्वरीय सत्ता न होकर एक प्रजातांत्रिक संस्था भी हो सकती है कि ब्रह्म द्वारा नियुक्त किए गए कुछ प्रवक्ता संभवतः ब्राह्मण कहलाए हों जैसे कि आज हम पत्रकार के रूप में देखते हैं। यानी, आधार कर्म रहा, जन्म

नहीं। पुनर्व्याख्या बेहद ज़रूरी है या फिर नई व्यवस्था।

'अनुपस्थित की खोज' ही क्या साहित्य का एक महत्त्वपूर्ण कारक नहीं है। जो है और जो साफ-साफ दिखता है, उसे उसी तरह से शब्दों में रख भर देना ही साहित्य है क्या? अगर यह साहित्य है तो रपट क्या है? पत्र क्या है? बातचीत क्या है? ज़ाहिर है कि जो दिखने की सतह के नीचे है पानी जो अनुपस्थित है, लेकिन है, उसी अनुपस्थित का होना या रूपायन ही किसी लेखन को साहित्य के दायरे में ले जाता है। यह ढूँढ़ना ही साहित्य है। यह खोज, जितनी भी हो सके, जितने भी नज़रियों से, वही साहित्य बनाता है।

साहित्य क्यों अन्य सभी कलाएँ भी तो एक रचना का स्वयं पाठ और फिर उसका किसी अभिनेता द्वारा किया गया पाठ और फिर उसका किसी रंग-टोली द्वारा प्रस्तुत किया गया पाठ साफ-साफ सामने ला देगा कि उस रचना में उपस्थित-अनुपस्थित को सामने लाने की कोशिश ही साहित्य का निर्माण करती है।

साहित्य कभी पूरा नहीं होता। संभव ही नहीं है। पिछले दिनों हिंदी अकादमी द्वारा चेन्नई में आयोजित एक बहस में यह विषय रखा गया था कि 'क्या हिंदी साहित्य अधूरा है' जिस पर मेरी सहज प्रतिक्रिया यह थी कि हिंदी साहित्य क्यों, विश्व की किसी भी भाषा का साहित्य अधूरा है और यहीं क्यों रुकें, विश्व की सभी भाषाओं के साहित्य को इकट्ठा कर दीजिए, तब भी साहित्य अधूरा है। जिस दिन हम मान लेंगे कि साहित्य लेखन पूरा हो चुका तो फिर लिखने का कारण खत्म हो जाएगा। तब इतना सब क्यों लिखा जा रहा है। कह सकते हैं पिष्ट-पेषण हो रहा है। ऐसा भी हमेशा होता है, फिर भी कहीं अनुपस्थित है, कहीं कुछ अलक्षित भी है, तभी तो बार-बार व्यक्ति साहित्य की अनंत यात्राओं पर निकलता है।

प्रश्न यह हो सकता है कि जो लिखा जा रहा है, उसमें जैनुइन कितना है, नकल कितना? साहित्य कितना? साहित्याभास कितना? वस्तुतः यह विषय ही एब्सर्ड था। पर फिर यह भी ख़्याल आता है कि जीवन में भी तो एब्सर्डिटिस हैं न! उसे भी खोजना, समझना, उसके पीछे निहित मंशाओं को रेखांकित करना भी अनुपस्थित की खोज है। यही खोज हमें महिला लेखन की ओर प्रवृत्त करती है, यही खोज दलित लेखन को जन्म देती है। यही खोज हमें अब तक अलक्षित दिशाओं की ओर ले जाएगी। 'वेटिंग फार गोदो' का इंतज़ार कभी ख़त्म नहीं हो सकता।

कर्मवाद के बहाने

मेरी लंबी कविताओं पर टिप्पणी करते हुए मेरे एक मित्र ने एक जगह लिखा है कि प्रताप कर्म पर विश्वास नहीं करते। यह पढ़ते ही मैं चौंक गया था कि कोई मित्र दूसरे मित्र की राय को कितना ग़लत समझ सकता है। मैंने उनसे स्पष्टीकरण भी माँगा और अपनी बात को भी फिर स्पष्ट किया कि मेरा विश्वास कर्म में है और पूरी तरह से है, लेकिन गीता में जिस तरह से कर्म की व्याख्या करते हुए उसे अंततः मोक्ष से जोड़ दिया है, उस 'कर्मवाद' में मेरा विश्वास नहीं है।

मुझे अपने बचपन के दिन याद आते हैं। किशोरवय के दिन और कालिज के दिन भी। यह सच है कि उस उम्र में गीता का कर्मवाद बेहद आकर्षित करता है और 'कर्मण्ये वाधिकारस्ते मा फलेषु कदाचन' या 'दुखं सुखं समकृत्वा लाभालाभौ जया जयौ' जैसी पंक्तियाँ जीवन-मंत्र बन जाती हैं। यह भी सच है कि हिंदोस्तान और विशेष तौर पर हिंदू समाज का एक बड़ा वर्ग अपना सारा जीवन इसी दर्शन के सहारे गुज़ार देता है। लेकिन विकास की प्रक्रिया अगर कहीं होती है तो यह दर्शन बड़ा ही भ्रामक और यथास्थितिवाद को समर्थन देने वाला लगता है।

आत्मा एवं परमात्मा के संबंधों की चर्चा/व्याख्या वैदिक काल से ही होती रही है। उपनिषद् काल में इसे एक दार्शनिक आयाम प्रदान किया गया तो महाभारत काल में इस दर्शन को व्यावहारिक स्तरों तक पहुँचाया गया। इसका आकर्षण एवं तार्किक पक्ष इतना प्रबल दिखा कि ब्राह्मणवाद एवं वेदों के विरोध में खड़ा होने वाला बुद्ध भी कर्म एवं मोक्ष के दर्शन से बच नहीं सका। प्रश्न यह है कि आज के ज़माने में गीता के इस कर्मवाद की कितनी ज़रूरत है और यह कर्मवाद अंततः हमारे समाज को कहाँ ले आया है। इस दर्शन के अनुसार कर्म करो लेकिन फलाशा के बग़ैर। इसी तरह की बात कांट की नैतिकता में भी व्याप्त है, जब वे कहते हैं कि 'कर्तव्य सिर्फ़ कर्तव्य के लिए', लेकिन कोई भी मनोवैज्ञानिक इस बात को प्रमाणित कर देता कि बिना फलाशा के मनुष्य कर्म में प्रवृत्त नहीं हो सकता। फलाशा के स्तर

अलग-अलग हो सकते हैं, लेकिन फलाशा न हो, यह संभव नहीं है। यह फलाशा ही एक तरह से मनुष्य की सरवाइवल इंस्टिंक्ट है।

अपने प्रवचन में कृष्ण बार-बार यह स्थापित करते हैं कि तू (अर्जुन), अर्जुन यानी कोई भी मनुष्य, तो मात्र निमित्त है। शेष सब कृष्ण (यानी भगवान) ही है। वही कर्म करवाता है, वही फल देता है, वही पाप-पुण्य निर्धारित करता है, ज़ाहिर है कि यह कमाल एक लेखक के रूप में वेदव्यास का ही है और कृष्ण के रूप में भगवान की सत्ता स्थापित करके वेदव्यास ने उसे चुनौतियों से परे ले जाने की कोशिश की है, लेकिन इस 'कर्मवाद' को चुनौती देने की ज़रूरत है।

ऐसा नहीं कि यह कर्म का फंडा सिर्फ़ हिंदुओं में ही हो, विश्व के अन्य बड़े धर्म इस्लाम में भी कर्म के अनुसार सवाब और अज़ाब का फंडा है। वहाँ पुनर्जन्म नहीं है। पुनर्जन्म नहीं है, तो मोक्ष भी नहीं है। वहाँ बहिश्त है, दोज़ख है। स्वर्ग, नरक की कल्पना हिंदुओं में भी है, लेकिन वह एक पासिंग फेज़ है, वस्तुतः तो योनि-चक्र है और उसमें आत्मा को तब तक भटकना है जब तक वह मोक्ष प्रस्तुत नहीं कर लेती। इस मोक्ष-प्राप्ति के चक्कर में व्यक्ति कर्म करता है। यहाँ भी इनर कंटराडिक्शन साफ दिखाई पड़ता है कि एक ओर तो व्यक्ति को कर्म करने में स्वतंत्रता दी गई है तो दूसरी ओर उसे यह भी बता दिया गया है कि 'तू तो मात्र निमित्त है, वस्तुतः जो करता हूँ मैं ही करता हूँ, फल भी मैं ही भोगता हूँ, तब डर किस बात का है।'

कर्मवाद का विरोध इसलिए भी होना चाहिए कि यह जिनके पास है, और जिनके पास नहीं है—उन दोनों की स्थितियों की व्याख्या कर्म-फल के आधार पर कर देता है, न इसका कोई डाटा है, न प्रमाण! बस कृष्ण ने कहा है—सो भगवान ने कहा है, वही कर रहा है, उसे चुनौती कौन दे सकता है, तो यह कर्मवाद दोनों पक्षों के लिए अपने-अपने तर्क देता है। यही तर्क कुछ एक को आर्थिक एवं राजनीतिक वर्चस्व प्रदान करता है, लेकिन समाज के एक बड़े हिस्से को मूलभूत सुविधाओं से भी वंचित रखता है। सिर्फ़ इतना ही तो कहना है 'ऐसे ही थे तेरे कर्म। इस जन्म में नहीं तो पिछले जन्म में किए होंगे'। इतना कहकर हम स्वयं को मुक्त कर लेते हैं उन उत्तरदायित्वों से, जिनका निर्वाह एक मनुष्य के नाते हमें करना चाहिए। कर्मवाद के नाम पर समाज के एक बड़े हिस्से को अपमानजनक एवं अमानवीय स्थितियों में बनाए रखने वाला 'कर्मवाद' एक मानवीय दर्शन कैसे हो सकता है?

मनुष्य किसी भी कर्म के पीछे राशनैल ढूँढ़ता है। ऐसा न हो तो मनुष्य का होना इररैशनल हो सकता है। ऐसे में ही अर्थहीनता का बोध होता है, जो अंततः व्यक्ति को आत्महत्या की ओर भी ले जा सकता है। इसीलिए जीवन के अर्थहीन होने के बावजूद उसमें अर्थ भरने की, उसे अर्थ देने की कोशिश की जाती है। यह अर्थवत्ता जहाँ सामाजिक स्तर पर भरी जाती है, वहीं लोकोत्तर स्तर पर भी अर्थ दिया जाता है। इसी तर्क से ही सभी कलाएँ पैदा होती हैं, विकसित होती हैं, लेकिन

'कर्मवाद' का राशनैल क्या है? कुछ भी नहीं। बड़े मोटे तरीके से समझाने की कोशिश की जाती है कि 'बोए पेड़ बबूल के तो आम कहाँ से पाएं'। 'जैसी करनी वैसी भरनी' जैसी लोकोक्तियाँ भी इसी ओर संकेत करती हैं, लेकिन यह हिसाब बड़ा सतही और मोटा लगता है। ऐसा कहकर हम मोटे तौर पर ही कर्मफल को समझा सकते हैं, लेकिन यह उक्तियाँ समाज एवं प्रकृति की उन शक्तियों को नज़रअंदाज़ कर देती हैं, जिनके चलते यह संभव है कि पेड़ चाहे किसी का भी बोया जाए, वह पैदा हो ही न। चोरी हो जाए, बदल दिया जाए और जैसी करनी वैसी भरनी की बात करेंगे तो ज़रा अपने इर्द-गिर्द ही देखिए कि आपके आसपास कौन कर क्या रहा है और भर क्या रहा है। नियम, कानून, कायदे को तोड़ने वाला समृद्ध है, खुश भी। उसे यह सब तोड़ते हुए कोई डर नहीं लगता, ग़रीब-गुर्बा, वंचित या अपने जैसों का ही हक छीनने में उसे कोई डर नहीं लगता। कर्मफल से भी वह परिचित है, फिर भी वह सब करता है, जो नैतिक एवं कानूनी दृष्टि से निषिद्ध है। एक नहीं कई-कई बबूल के पेड़ बोता है और बड़े आराम से आम की फसल काटता है। है कोई राशनैल! कहीं नहीं। उसके पास दूसरी तरह के तर्क होते हैं। वह गंगा नहाकर या ठाकुर जी को रोज़ भोग लगाकर लेन-देन साफ कर लेता है और आम आदमी यह मानकर संतोष कर लेता है कि अमुक-अमुक को इस जन्म में नहीं तो अगले जन्म में ज़रूर उन कुकर्मों का फल मिलेगा। वह एक भोली दुनिया में जीता है। कुछ समझ में नहीं आता तो 'धार्मिक उपदेशक', प्रवचनकर्ता, भजनीक आदि उसे समझा देते हैं। उसके घावों पर कर्मवाद का मरहम लगा देते हैं। जाओ मस्ती मारो। तुम्हारा यह जन्म ठीक नहीं चल रहा तो कोई बात नहीं। पिछले जन्म के कर्मों का फल है। इस जन्म में अच्छे कर्म करो। और अच्छी पूजा करवाओ, यज्ञ करवाओ, गंगा-स्नान करो, गोदान करो, ब्राह्मणों को खिलाओ, अगले जन्म में राजा बनोगे। ऐसा मोहक स्वप्न खड़ा किया जाता है कि अपढ़ तो क्या, खुद को बहुत पढ़ा-लिखा और प्रगतिशील माननेवाला समाज भी इन्हीं चक्करों में फँसा गति ढूँढ़ रहा है।

भारतीय संदर्भ में हिंदू कर्मवादी संसार के सामने जो प्रतिसंसार खड़ा नज़र आता है, उसकी बुनियाद इस्लाम है। वहाँ सवाब और अज़ाब के चक्कर में फँसा व्यक्ति कयामत के दिन होने वाले फैसले के लिए न जाने कितने रोज़े रखता है, नमाज़ अदा करता है और उसी इस्लामी समाज का आदमी कभी कुफ्र और कभी जेहाद के नाम पर क्या-क्या करता नहीं दिखता। वहाँ भी बहिश्त का मोहक स्वप्न मौजूद है। वहाँ भी कोई राशनैल नहीं है। सिर्फ़ आस्था है। विश्वास है। और इसी आस्था और विश्वास का भरपूर लाभ उठाते हैं वे लोग जो कहीं न कहीं इनकी अर्थहीनता समझते हैं या फिर उन्होंने हर कहीं अपने बचाव के रास्ते खोजे हुए हैं। यानी विज्ञान की बात मत कीजिए, साइंटिफिक टैंपर की बात भी मत कीजिए, समाज में व्याप्त द्वंद्वात्मक शक्तियों की बात बेहूदा और निराधार है। वस्तुतः सब तो कर्म से ही तय

होता है। यह है हमारी दुनिया, जिसमें हम रह रहे हैं। शायद बहुत अकेले। शायद कुछ समझते हुए, समझने की कोशिश करते हुए। नासमझों के पास जवाब बिल्कुल तैयार होते हैं। एक मिसाल पेश है–जब अंजार, भुज में भूचाल से भयंकर तबाही हुई तो बातचीत करते हुए मैंने एक मित्र, जिन्हें कर्मफल के सिद्धांत में अटूट विश्वास है, से पूछा कि क्या सभी पापी अंजार, भुज में जा कर बस गए थे कि इतनी तबाही हुई और हज़ारों लोग मारे गए, लाखों बेघर हुए। उन्होंने जवाब देने में एक पल भी नहीं लगाया और कहा–"बिल्कुल, और देखिए पुण्य आत्माएँ इतनी भयंकर तबाही में से भी बच निकली हैं।" है कोई जवाब इस बात का। असम में बाढ़ से लोग मरें या उड़ीसा में भूख से, गुजरात में दंगों से मरें या बंगलादेश में युद्ध से। हज़ारों महिलाओं के साथ बलात्कार हो या बच्चों का शोषण, कहीं भी लोग बेघर हों या अपाहिज–कुछ भी सोचने की ज़रूरत नहीं। सभी अपने-अपने कर्मों का फल ही तो भोग रहे हैं। कितना आसान तर्क (कुतर्क) है किसी भी अमानवीयता की व्याख्या करने का। जो यह सब कर रहे हैं, उनका क्या! पता नहीं। ग़लत कर रहे हैं तो अपने किए का फल पाएँगे। सदियों इंतज़ार करो। कौन कर्त्ता है, कौन फल का भोक्ता है। कहाँ है यह सब डाटा। कौन-सा बैंक है वह जहाँ यह हिसाब-किताब रखा जाता है। इन बातों का कर्मवाद में कोई जवाब नहीं। जवाब तो क्या, इस तरह के प्रश्नों एवं संदेहों की जगह भी नहीं। एक बार संदेह किया था अर्जुन ने तो उसे अठारह अध्याय सुनने पड़े। सोचिए भला कृष्ण को कितने दिन लगे होंगे अठारह अध्याय सुनाने में। जब तक कृष्ण के अध्याय पूरे नहीं हुए, उनका प्रवचन जब तक रुका नहीं, तब तक प्रतिपक्ष के लोग अपनी प्रत्यंचाएँ खींच कर खड़े रहे, खड्ग आसमान की ओर कर दिए या फिर म्यान से निकाले ही नहीं। इस सारी प्रक्रिया को हम रूपक मान लें तों बात दूसरी है, लेकिन विश्वास और आस्था की बात है। संदेह करने वाला घोर पातकी है। पर यह पातकी संदेह करने से, प्रश्न करने से रुक नहीं सकता।

कर्मफल सिद्धांत को अगर हिंदुओं का दर्शन मान लें तो यह एक सैक्टेरियन दर्शन बन कर रह जाता है। कर्म करने, फल मिलने, फल भोगने, जैसे प्रश्नों पर वैज्ञानिक दृष्टि से विचार करें तो हम नैचुरलिस्टक डिटरमिनिज़्म के क्षेत्र में प्रवेश कर जाते हैं, वहाँ भी फ्री विल की बात है, लेकिन वह कई करोड़ों देखे एवं अदेखे, समझे-असमझे कारकों के साथ जुड़ी हुई है, जो अंततः व्यक्ति को फैटलिज़्म की ओर ही ले जा सकती है। ऐसे में व्यक्ति को–संभवतः हर व्यक्ति को–अपनी नैतिकता स्वयं तलाशनी होती है, गढ़नी होती है। बहुत सोच-समझ के मानवीयता एवं अमानवीयता के दायरे तय करने होते हैं। लेकिन ऐसी समझ विकसित करने की कोशिश नहीं होती। व्यक्ति को बचपन से ही मंदिर, मस्जिद, गुरुद्वारों और गिरजाघरों में कंडीशंड किया जाता है। उसे सोचने-समझने वाली सत्ता बनाने की बजाए रोबो

बनाया जाता है, जहाँ वह किसी शंकराचार्य, मुल्ला, जत्थेदार या पादरी के आदेशों का इंतज़ार करता है। सभी के आदेश ऊपरी सतह पर मानवीय लगते हैं, लेकिन व्यवहार में आते ही वे दियासलाई की तीलियाँ और बंदूक की गोलियाँ बन जाते हैं। अजब किस्म का खेल है यह! कई बार यह कर्मवाद भाग्यवाद का अतिवादी चेहरा बन जाता है–'अजगर करे न चाकरी, पंछी करे न काम'–दाता है सब को देने वाला–अकर्मण्यता की इस सीमा तक भी पहुँचा देता है यह कर्मवाद। कर्मवाद को भगवान की आत्यंतिक सत्ता के साथ बाँध कर इससे पूरे समाज को बाँधने की कोशिश की गई है। न तो भगवान आत्यंतिक सत्ता है और नाही कर्मवाद कोई आत्यंतिक सत्य। सत्य कभी आत्यंतिक होता ही नहीं, है तो दिखता नहीं। दिखता है आंशिक सत्य है–यह समझते हुए ही कोई अपने लिए नैतिकताएँ तैयार कर सकता है। यह एक मुश्किल प्रक्रिया है। लेकिन इसी प्रक्रिया से गुज़रकर ही मनुष्य अधिक मानवीय हो सकता है–एक बेहतर इंसान। इसलिए कर्मवाद में जो प्रदत्त है, सबसे पहले उसे चुनौती देना ज़रूरी है।

लोक-साहित्य, संस्कृति और समाज

पढ़ा-लिखा आभिजात्य-समाज अक्सर कलाओं की चर्चा करता है और इन कलाओं में सबसे ज़्यादा चर्चा संभवतः साहित्य की होती है। साहित्य का दायरा, साहित्य की गुणवत्ता, साहित्य की मात्रा, साहित्य के प्रकार, साहित्य की मूल्यवत्ता और साहित्य का भविष्य आदि को लेकर गहन-गंभीर चर्चाएँ होती हैं। इसी चर्चा के चलते कभी-कभी लोक-साहित्य का ज़िक्र भी एक संदर्भ के तौर पर कर दिया जाता है। लोक-साहित्य और संस्कृति के रिश्तों की पड़ताल पर ध्यान कम दिया जाता है।

यह लोक-साहित्य है क्या? लोक क्योंकि अंग्रेज़ी के 'फोक' का पर्याय माना जाता है, इसलिए लोक-साहित्य को भी हम 'फोक लिटरेचर' का पर्याय मान लेते हैं। बहस तलब बात यह नहीं है कि इन दोनों शब्दों की अवधारणाओं में मूलभूत अंतर क्या है, समझने की इच्छा यह होती है कि आखिर लोक-साहित्य से हमारा आशय क्या हो सकता है। लोक के बरक्स यहाँ परलोक की कल्पना भी है, जो 'फोक' के बरक्स अंग्रेज़ी में नहीं है, लेकिन लोक-साहित्य इस कल्पना को लेकर नहीं चलता।

लोक-साहित्य के कई आशय हो सकते हैं। पहला—उस लोक का साहित्य जो सभ्यता की सीमाओं से बाहर या उन लोगों का साहित्य जिनकी गिनती सभ्यता की सीमाओं में नहीं होतीं। हालाँकि सभ्यता के मान अलग-अलग हो सकते हैं और सांस्कृतिक विरासत सभ्यता के पैमानों को बदल सकती है और मूल्यहीन बना सकती है, लेकिन आज मोटे तौर पर यही समझा जाता है। मसलन आदिवासी लोगों द्वारा रचित मौखिक साहित्य इसी कोटि में रखा जा सकता है, जोकि एक काबिले-एतराज़ बात है। दूसरा—आदिम परंपराओं को सुरक्षित रखे हुए लोगों का साहित्य, जो कबीलाई संस्कृति या फिर कबीलाई मानसिकता के साथ-साथ विकसित होता है। तीसरा—गाँवों में रचा जाने वाला साहित्य और चौथा—लोक-रंजन के लिए रचा जाने वाला साहित्य। इस कोटि में हम फिल्मी गीतों को भी रख सकते हैं।

लोक-साहित्य की खास बात यह है कि यह हमें युगों-युगों से मौखिक परंपरा से प्राप्त होता है, इसके रचयिता का भी पता नहीं चलता और समस्त लोक उसे अपनी ही रचना समझता है। एक ही तरह के लोक-गीत या लोक-कथा के कई-कई रूप मिलना ही लोक-साहित्य की विशेषता है। लेकिन वैज्ञानिक उपकरणों के आविष्कार के बाद लोक-साहित्य को विभिन्न रूपों में सुरक्षित रखना संभव हो गया है, फिर भी उसमें परिवर्तन आते रहते हैं। इसी के साथ यह बात भी जुड़ी हुई है कि लोक-साहित्य की रचना प्रायः अपढ़ या कम पढ़े-लिखे लोगों के लिए की जाती है और कई बार इसे ग्राम्य-साहित्य मान कर भी एक भ्रांति पैदा की जाती है।

यह सत्य है कि शुरू-शुरू में लोक-साहित्य की रचना भले ही कबीलों या गाँवों में हुई, लेकिन बाद में जनपदों तथा शहरों के विकास के साथ उसकी रचना शहरों में भी होने लगी। लोक-साहित्य लोगों की ज़बान पर होता है। लोक-साहित्य लोगों के सुख एवं दुःख के अवसरों पर समवेत स्तर पर गाया-बजाया जाता है। अगर यह सत्य है (यह सत्य ही है) तब आज सबसे बड़ा लोक-साहित्य हमारी फिल्मों के गीत ही हैं। हालाँकि यह गीत एवं इनका संगीत अनाम या अज्ञात नहीं होता, इसलिए आज ग्रामीण लोक-साहित्य या शहरी लोक-साहित्य के रूप में बँटवारा ठीक नहीं लगता।

अब प्रश्न यह उठता है कि क्या लोक-साहित्य और जन-साहित्य एक ही बात है। जन-साहित्य भी आम जन का साहित्य है और लोक-साहित्य भी आम लोगों का, तो दोनों में बुनियादी फ़र्क क्या है? फ़र्क तो है। जन-साहित्य भले ही आम जन की पीड़ाओं, संघर्षों एवं आकांक्षाओं को-केंद्र में रखकर लिखा जाता है, लेकिन वह अपेक्षाकृत अधिक सुगठित, जन-चेतना की सामूहिक अभिव्यक्ति और प्रायः राजनीतिक विचारधारा से आप्लावित होता है। वह जन-कल्याण की भावना तथा किसी निश्चित उद्देश्य की प्राप्ति के लिए प्रतिबद्ध होता है। भारतीय संदर्भों में वामपंथी, जनपक्षी, दलित एवं आदिवासी साहित्य को इस कोटि में रखा जा सकता है, जबकि दक्षिणपंथी विचारधारा से प्रेरित साहित्य जन के बजाय संभ्रांत व्यक्ति को महत्त्व देता है और प्रायः यथास्थितिवाद का समर्थक होता है। लोक-साहित्य व्यक्ति-केंद्रित हो ही नहीं सकता। प्रायः वह मौखिक परंपरा से प्राप्त लोक-रंजन के लिए होता है, कहीं उसमें बदलाव की आकांक्षा भी हो सकती है और उसमें सांस्कृतिक घटक गुँथे रूप में आते हैं तथा पीढ़ी-दर-पीढ़ी हो रहे संक्रमण के दौरान उसमें कई स्थानीय परिवर्तन होते रहते हैं। इस तरह देखा जाए तो लोक-साहित्य बेहद लचीला और सर्वग्राही होता है।

यह पहले ही कहा जा चुका है कि छापेखाने, ध्वनि-मुद्रण यंत्र तथा अन्य कई उपकरणों के आने से लोक-साहित्य छपित एवं रिकार्डेड रूप में भी मिलता है। कई बार तो एक ही लोक-गीत या लोक-कथा के कई-कई प्रचलित रूप मिलते हैं। ऐसा कैसे होता है। यहीं से हम संस्कृति के दायरे में प्रवेश कर जाते हैं। संस्कृति के आधार

क्या हैं? संक्षेप में धर्म, इतिहास, भूमि, भूगोल एवं भाषा संस्कृति के आधार हो सकते हैं। इनमें से धर्म के साथ संस्कृति का रिश्ता सबसे ज़्यादा नाज़ुक है। वस्तुतः हमारे यहाँ संस्कृति की पहचान धर्म के रास्ते से की जाती है, जो कि एक अपूर्ण प्रक्रिया है। किसी भी धर्म में विश्वास रखने वाला या किसी भी धर्म में विश्वास न रखने वाला व्यक्ति भी सांस्कृतिक दृष्टि से समृद्ध और संपन्न हो सकता है। मिसाल के तौर पर दीवाली पर लक्ष्मी-पूजन, होली पर होलिका दहन, ईद पर नमाज़ अदा करना या क्रिसमस पर चर्च की प्रार्थना-सभा में हिस्सा लेना एक धार्मिक अनुष्ठान है, जबकि इन अनुष्ठानों में विश्वास न रखने वाला व्यक्ति भी दीवाली पर रिश्तेदारों या मित्रों से मिलता-जुलता है, ईद पर सेवइयाँ खाता है या अन्य इसी तरह के सामाजिक मिलन, जो मनुष्य को करीब लाते हैं, संस्कृति का ही एक रूप है। इसलिए एक संप्रदाय के धार्मिक त्योहार से जुड़ा सांस्कृतिक पक्ष दूसरे संप्रदायों के लिए भी साँझा हो जाता है। यह काम धर्म नहीं कर पाता। यहीं यह कह देना भी ज़रूरी है कि धर्म अपने समर्थन के लिए संस्कृति की तलाश करता है, नाकि संस्कृति किसी धर्म की रचना करती है। संस्कृति सामाजिक परंपराओं से ही प्राप्त होती है। संस्कृति का अर्थ ही है—परिष्कृत करना। व्यापक अर्थ में देखें तो सीखे हुए व्यवहार का नाम ही संस्कृति है। नर-विज्ञानियों की दृष्टि में संस्कृति एवं सभ्यता में कोई अंतर नहीं है। जबकि इन दोनों अवधारणाओं में अंतर है। संक्षेप में सभ्यता से तात्पर्य उन आविष्कारों, उत्पादन साधनों एवं राजनीतिक, सामाजिक संस्थाओं से है, जिनके कारण मानव-जीवन के विकास की यात्रा सरल एवं सुगम हुई है। जबकि संस्कृति में चिंतन तथा कलात्मक सृजन की क्रियाएँ समाहित हैं। दर्शन, चिंतन, नैतिकता, आदर्श, परंपराएँ, लोकाचार आदि संस्कृति के ही घटक हैं, सभ्यता के नहीं। सभ्यता बाहरी रूप है। संस्कृति उसकी आत्मा है। उदाहरण के लिए घर में अच्छा फर्नीचर सभ्यता का सूचक हो सकता है, लेकिन उसका उपयोग कैसे किया जाए संस्कृति का सूचक होंगे। ड्रैस अगर सभ्यता है तो एड्रेस संस्कृति है। लोक-साहित्य के संदर्भ में संस्कृति के इसी रूप की पड़ताल अपेक्षित है।

लोक-साहित्य संस्कृति का निर्माण करता है या संस्कृति लोक-साहित्य के रूपों को पैदा करती है!—यह भी एक पेचीदा प्रश्न हो सकता है। हमारे मत से लोक-साहित्य संस्कृति के निर्माण में अपनी भूमिका अदा करता है और फिर सांस्कृतिक विरासत के दूसरे पक्ष लोक-साहित्य के विभिन्न रूपों को विकसित करते हैं। यह एक तरह से दोहरी प्रक्रिया है। लोकगीत, लोक-कथाएँ, लोक-चुटकुले, लोक-पहेलियाँ, लोक-कहावतें, लोक-मंत्र एवं लोक-नाटक आदि सभी ने मिलकर लोक-साहित्य की विपुल संपदा का निर्माण किया है। आल्हा-ऊदल, लैला-मजनूँ, शीरी-फ़रहाद, सोहनी-महिवाल के किस्सागो गीत, जो गीत भी हैं और लोक-नाट्य की परिधि में भी प्रवेश कर जाते हैं, लोक-साहित्य का हिस्सा हैं। इसी तरह से आनुष्ठानिक गीत

जैसे पूजा, व्रत, जागरण, त्योहारों या संस्कारों आदि के अवसर पर गाए जाने वाले गीत या शुद्ध मनोरंजन के लिए मौज-मस्ती भरे गीत लोक-साहित्य की सांस्कृतिक संपदा हैं। लोक गीतों को पौरुषेय एवं अपौरुषेय रूपों में भी बाँटा गया है। लोरी आदि लोकगीत अपौरुषेय श्रेणी में आते हैं, जबकि पुरुषों द्वारा गाई जाने वाली रागनियाँ आदि पौरुषेय लोकगीतों में शामिल की जाती हैं। कहने का तात्पर्य यह कि लोकगीतों की सर्जना लोक द्वारा, लोक के बारे में और लोक के लिए ही की जाती है। लोक-साहित्य का यही प्रजातंत्र है।

लोक-साहित्य संस्कृति का निर्माण कैसे करता है, इसकी छटा विवाह-संस्कार के अवसर पर गाए जाने वाले सोहर, सोहाग, सिठनी, सेहरा द्वाराचार या झूमर आदि लोक-गीतों में देखी जा सकती हे। विभिन्न प्रदेशों में एक ही अवसर पर अलग-अलग भाषाओं एवं सुरों के लोकगीत, लेकिन उनके मूलाधारों में बहुत अंतर नहीं मिलेगा। वजह यह है कि इन लोक-गीतों के माध्यम से ही लोक के मन में दबी-छिपी कुंठाओं को अभिव्यक्ति मिलती है और आम जन कुंठा से परिष्कार की यात्रा तय करता है। इसी माध्यम से उसका विरेचन होता है विरेचन का यह रास्ता आभिजात्य-साहित्य के बजाय सीधा एवं सरल है। इसीलिए लोक-साहित्य सदियों तक जीवित रहता है और परिवेश बदल जाने के बावजूद अपनी धमक देता रहता है।

लोक-गीतों के बाद लोक-साहित्य का सबसे महत्त्वपूर्ण पक्ष लोक-कथा है। प्रायः 'लोक-कथा' शब्द का प्रयोग हम लोक-गाथा या लोक-कहानी के रूप में भी कर देते हैं, लेकिन इनमें फर्क है। मिसाल के तौर पर सत्यनारायण की कथा होती है, कहानी नहीं, पंचतंत्र, कथा सरित सागर या बैताल पच्चीसी की कहानी होती है, कथा नहीं। लोक-गाथा तो इन दोनों से अलग है। लोक-कथा प्रायः धार्मिक अनुष्ठानों के अवसर पर सुनाई जाती है, जबकि लोक-कहानी का उद्देश्य मनोरंजन के साथ-साथ नीतिगत उपदेश देना भी होता है। इनका धार्मिक अनुष्ठानों से दूर-दूर तक कोई संबंध नहीं होता। लोक-कथाएँ आध्यात्मिक भूख या जिज्ञासा को शांत करने का एक रास्ता है तो लोक-कहानी लोक-बुद्धि को विकसित करने, उसमें एक मूल्यगत सोच पैदा करने के लिए लिखी जाती है। इनके लेखक ज्ञात-अज्ञात होते हैं, लेकिन इनका लोक-रूप मौखिक परंपरा से ही प्राप्त होता है। कहानी-कला का मूल रूप देखा जाए तो यहीं मौजूद है।

जैसा कि कहा, लोक-गाथा लोक-साहित्य का एक अलग रूप है। वीर गीत, नृत्य गीत तथा आख्यान गीत आदि को लोक-गाथा माना जा सकता है। मनुष्य के सांस्कृतिक विकास के सोपानों में लोक-गाथाओं की भूमिका महत्त्वपूर्ण है। मनुष्य जब कबीलाई-संस्कृति विकसित कर रहा था तभी इनका विकास हुआ। अपनी मनोभावनाओं को सामाजिक रूप से अभिव्यक्त करने की इच्छा तब भी थी, आज भी है। आज पहले से भी प्रबल है। तब वह मनोभावनाएँ ही अभिव्यक्त करना चाहता

है, आज वह इन्हें अपनी पहचान के साथ अभिव्यक्त करता है। लोक-संस्कृति में मनुष्य की वैयक्तिक पहचान लोक की सेवा में ही कहीं तिरोहित हो जाती है। इस दृष्टि से कबीले का आदमी ज़्यादा उदार था। लोकगाथाओं का प्राचीनतम रूप ऋग्वेद के कुछ सूक्तों, पुराणों एवं सबसे ज़्यादा महाभारत में मिलता है। उल्लेखनीय बात यह है कि इन उपलब्ध लोक-गाथाओं ने भारतीय साहित्य के कई लेखकों को अनुप्रेरित एवं अनुप्राणित किया और ऐसी रचनाओं की संख्या कई सौ होगी, जिन्होंने इन्हीं लोक-गाथाओं का अपनी-अपनी तरह से सर्जनात्मक इस्तेमाल किया है। यहाँ यह तथ्य भी ओझल न हो जाए कि इन्हीं गाथा-गायकों के माध्यम से कवि, चारण, सूत, भाट आदि का विकास हुआ। आज यह परंपरा लुप्त-प्रायः सी है, लेकिन तीजन बाई की गाथा-गायकी सुनने के लिए अभी भी लोग उमड़ पड़ते हैं और छोटे-छोटे गाँवों, कस्बों में इसकी कहीं-कहीं झलक मिल सकती है।

सांस्कृतिक संपदा के स्वरूप को लोक-नाटक या लोक-नाट्य के बिना समझना संभव नहीं है। मांगलिक उत्सवों, पर्वों, तीज-त्योहारों या अन्य किन्हीं सामाजिक-सम्मेलन के अवसरों पर लोक-नाट्य की ज़रूरत महसूस हुई होगी, क्योंकि लोक-रूढ़ियों, लोक-परंपराओं, लोक-विश्वासों तथा लोक-भावनाओं के जितने विविध रूप लोक-नाट्य में मिलते हैं, उतने अन्य कहीं नहीं। भरत ने नाट्यशास्त्र में रूपक के भेदों के साथ-साथ उपरूपक एवं उसके भेदों के रूप में प्रहसन, डिम, भाण, वीथी आदि अनेक रूपों की चर्चा की है। साथ ही उन्होंने नाटक को नाट्यधर्मी एवं लोकधर्मी मान कर भी विभाजन प्रस्तुत किया है। तात्पर्य यह है कि शास्त्र-सम्मत नाट्य-व्यवहार के साथ-साथ लोक-धर्मी नाट्य-व्यवहार भी उनके समय तक विकसित हो चुका था। रास, रासक, लीला आदि ऐसे ही रूप थे, जिन्होंने लोक-नाट्य की परंपरा बनाई, बढ़ाई और यह आज भी किसी न किसी रूप में जीवित है। सांस्कृतिक विकास की इस प्रक्रिया में अग्रगामी रंगमंच, लोकधर्मी रंगमंच और जन-धर्मी रंगमंच के स्वरूप की अलग-अलग व्याख्या की जा सकती है। यहाँ हम केवल लोकधर्मी नाट्य, जिसे हम लोक-नाट्य कह रहे हैं, के अवदान को रेखांकित कर रहे हैं।

संस्कृति की बात के साथ कुछ बातें और भी जुड़ जाती हैं। संस्कृति? यानी कौन-सी संस्कृति? ग्राम्य संस्कृति, शहरी संस्कृति, आभिजात्य संस्कृति या फिर हाई ब्रांड संस्कृति? भारतीय संस्कृति या पाश्चात्य संस्कृति? हिंदू संस्कृति या मुस्लिम संस्कृति? यह सवाल भी यहाँ उठता है। फिर चीनी संस्कृति, यूनानी संस्कृति या मिस्र संस्कृति आदि-आदि अनेक संस्कृतियों की बात की जा सकती है, लेकिन यह बात सभी संस्कृतियों के साथ लागू होती है कि प्रत्येक संस्कृति ने अपनी किन्हीं भौगोलिक सीमाओं में ही स्वयं को विकसित किया है। कालांतर में सामाजिक आदान-प्रदान या कहें कि लोक के आदान-प्रदान ने भौगोलिक सीमाओं का अतिक्रमण किया है। इस अतिक्रमण में सबसे ज़्यादा भूमिका लोक-साहित्य के विभिन्न रूपाकारों

की ही रही है और आज कई बार यह पहचान करना मुश्किल हो जाता है कि लोक-साहित्य के किस रूप की पहचान पहले कहाँ बनी या किस गाथा, कथा या कहानी ने कैसे-कैसे अपना रूप बदल लिया। लोक-साहित्य ने जिस संस्कृति को पनपाया वह धार्मिक-रेखाओं का भी अतिक्रमण करती है। कई बार आभिजात्य एवं हाई ब्रांड संस्कृति के मुकाबले लोक-संस्कृति या लोक-साहित्य को खड़ा करके देखा जाता है। वस्तुस्थिति क्या है? मनुष्य कितना ही हाई ब्रांड क्यों न हो जाए। (इसे ज़रा भारतीय संदर्भ में देखें तो तस्वीर और भी साफ़ नज़र आएगी) कि वह कितना ही हाई ब्रांड क्यों न हो जाए, मूल रूप से वह एक मनुष्य ही रहता है और संस्कारवश, परिवेशवश या कहीं-कहीं अभ्यासवश उसके खून में लोक-साहित्य का कोई न कोई रूप ज़रूर रहता है। एक फैशन के तहत लोक-साहित्य या लोक-संस्कृति को अजायबघर की चीज़ माना जाने लगा। फैशन था न, जल्दी ही खत्म भी हो गया। आदमी के जो मूल भाव हैं, वह तो आज भी हैं। उनका ऊपरी रूप, अभिव्यक्ति के तरीके ही तो बदले हैं, लेकिन मूल भाव को वह आज भी संतुष्ट करना चाहता है। यह उसकी ज़रूरत है, विवशता है। इसीलिए शादी-ब्याह के मौकों या मेलों, उत्सवों या त्योहारों के अवसरों पर लोक-साहित्य का रूप ज़्यादा मुखरित होता है, चाहे वह आज फिल्मों के गीतों के माध्यम से ही मुखरित क्यों न हो रहा हो। लोक-साहित्य का एक बड़ा हिस्सा जो सामने नहीं आया, वह आदिवासी लोक-साहित्य है, जो रमणिका गुप्ता तथा अन्य कई लेखकों के प्रयासों से सामने आ रहा है।

वस्तुतः लोक-साहित्य का पहिया रुक नहीं सकता, क्योंकि इसका प्रचार-प्रसार लोक-चेतना, लोक-विश्वास एवं लोक-रुचि के सहारे होता है, लोक-साहित्य में जितनी अनगढ़ता है, कच्चापन है, उतनी ही उसमें मिट्टी की खुशबू भी है। उसमें एक सम्मोहन है। मानवीय संवेदना का जबर्दस्त वाहक है लोक-साहित्य। लोक-साहित्य कभी हिंसक नहीं होता, सांप्रदायिक भी नहीं, संकुचित भी नहीं। वह तो समूहधर्मी है, सामाजिक प्रतिबद्धता है उसमें। इसीलिए वह व्यक्ति को उसकी वैयक्तिक कुंठाओं के खोल से बाहर निकालता है। जो काम शास्त्र और संत नहीं कर पाता, वही काम लोक-साहित्य बड़े प्यार से कर देता है। इस दृष्टि से लोक-साहित्य सच में उदात्त है। इसके लिए उसे लांजाइनस के पास जाने की ज़रूरत नहीं। वह तो अपनी अंतर्वस्तु में ही उदात्त है और यही काम संस्कृति का भी होता है। इसीलिए इन दोनों में कहीं गहरा और पूरक रिश्ता है।

आदिवासी साहित्य के बारे में

बीसवीं शताब्दी के अंतिम दो दशकों से लेकर अभी तक दलित साहित्य की चर्चा मुखर रही है। भले ही यह चर्चा मराठी से चल कर हिंदी, पंजाबी, तमिल, तेलगु, गुजराती और अन्य भाषाओं तक पहुँची हो, लेकिन चर्चा है। इसी के साथ जुड़ा नारी-साहित्य का प्रश्न और अब चर्चा के केंद्र में है आदिवासी साहित्य। पिछले पच्चीस वर्षों में जिस तेज़ी से इन तीनों धाराओं का साहित्य सामने आया है और आ रहा है, उसने कई तरह की बहसों को जन्म दिया है।

इन तीनों ही धाराओं की एक ख़ास बात यह कि यह जनमना-वंचितों का साहित्य है। वंचितों के बरक्स वे लोग हैं, जिनके पास सब कुछ है, संविधान के स्तर पर भले ही शाब्दिक समानता कायम हो गई हो, लेकिन सामाजिक-व्यवहार के स्तर पर असमानता बनी हुई है। अलग-अलग प्रदेशों, वर्गों या समुदायों में असमानता के स्तर भिन्न हो सकते हैं, लेकिन असमानता है। असुरक्षा का भाव भी इन तीनों धाराओं के लोगों में है। यह सत्य है कि इनके साहित्य को कुछ बौद्धिक लोगों ने अपने सामाजिक-विमर्श का आधार बनाया है। राजनीतिक स्तर पर भी यह विमर्श गठजोड़ तथा उठा-पटक के रूप में जारी है। सत्ता का खेल है वह। सत्ता के लिए राजनीतिक लड़ाई लड़ने के औज़ार अलग हैं। यहीं प्रश्न यह पैदा होता है कि क्या वही औज़ार साहित्य की लड़ाई में भी काम आ सकते हैं या कि साहित्य की लड़ाई के लिए किन्हीं अलग औज़ारों की ज़रूरत होती है और अगर होती है तो वे औज़ार क्या और कैसे हैं या कैसे हो सकते हैं? क्या ऐसे औज़ारों की तलाश की गई है, जिनसे मूल्यांकन की कोई अलग प्रक्रिया बने!

इसी के साथ एक अन्य बात की ओर संकेत भी ज़रूरी है कि दलित, नारीवादी एवं आदिवासी तीनों ही अपने-अपने जिस संसार की रचना करते हैं, वह परंपरावादी या कहें पुरुषवादी एवं सवर्णवादी संसार के प्रतिसंसार के रूप में ही उभरकर सामने आता है। नारीवादी चिंतन के रूप में सिमन दि बऊआ ने कभी नारीवादी विमर्श

खड़ा किया था, जो पुरुषवादी विमर्श के बरक्स खड़ा होता हुआ ऐतिहासिक एवं जीवविज्ञान के सिद्धांतों की चर्चा करता हुआ अपना एक 'थीसिस' देता था। भारतीय संदर्भों में इन धाराओं ने स्थापित थीसिस के बरक्स एंटी थीसिस पेश किया है, जो अंततः सिंथेसिस की स्थिति तक पहुँचने की संभावना रखता है। यह भी एक अलग प्रश्न है।

यहाँ कुछ बातें आदिवासी लेखन के संदर्भ में की जा सकती हैं। हाल ही में साहित्य अकादेमी ने आदिवासी साहित्य को केंद्र में रखते हुए एक दिवसीय सम्मेलन का आयोजन किया। इस आयोजन के साथ युद्धरत आम आदमी की संपादक रमणिका गुप्ता भी जुड़ी हुई थीं। आयोजन की विशिष्टता यह थी कि आदिवासी साहित्य एवं आदिवासी लोगों की स्थिति एवं सामाजिक समस्याओं पर चर्चा करने के लिए आदिवासी लेखकों एवं कुछ बुद्धिजीवियों को आमंत्रित किया गया। अध्यक्षता महाश्वेता देवी कर रही थीं, जिन्हें आदिवासी लोगों का सालिसिटर जनरल कहा गया। वक्ताओं में अधिकांश आदिवासी वे थे, जो कहीं न कहीं 'तथाकथित अच्छे पदों' पर काम कर रहे हैं। इन सभी वक्ताओं में दो तरह के आब्सेशन ख़ास तौर पर उभरकर सामने आए। पहला यह कि आदिवासी साहित्य एवं संस्कृति ही प्राचीनतम साहित्य एवं संस्कृति है और यही सबसे श्रेष्ठ भी है। यह आब्सेशन कोई नई बात नहीं है। हर वर्ग, समुदाय, समाज और देश इस आब्सेशन से किसी न किसी रूप में ग्रस्त है। भारतीय थोड़े ज़्यादा हैं। जितने पुरानपंथी, उतने ज़्यादा। इसकी पड़ताल बाद में करेंगे। पहले दूसरे आब्सेशन की बात करें। दूसरा आब्सेशन साहित्य अकादेमी एवं रमणिका गुप्ता की अतिशय प्रशंसा का था। अकादेमी की प्रशंसा कुछ ज़्यादा, रमणिका गुप्ता की थोड़ी कम। रमणिका गुप्ता व्यक्ति हैं, संस्था नहीं। यह बात दीगर है कि वे व्यक्ति होकर भी संस्था जितना काम कर रही हैं, इसलिए उनके बारे में कहे गए प्रशंसात्मक वाक्य नहीं अखरे, लेकिन साहित्य अकादेमी की जो धुआँधार प्रशंसा की गई, वह यह प्रश्न उठाती है कि क्या आदिवासी लेखकों की दौड़ साहित्य अकादेमी तक ही है। या कि वे साहित्य एवं सांस्कृतिक चिंतन के माध्यम से सामाजिक-परिवर्तन में कोई महत्त्वपूर्ण भूमिका अदा करना चाहते हैं? साहित्य अकादेमी को जो काम वर्षों पहले करना चाहिए था, वह अब कर दिया, बल्कि कहा जाए कि अकादेमी से करवा लिया गया, तो कौन-सी ऐसी उथल-पुथल हो गई कि आदिवासी लेखकों ने पंक्तिबद्ध होकर अकादेमी एवं उसके सचिव का इतना यशोगान किया। इसे आदिवासी लेखकों का भोलापन माना जाए या कुछ और! क्योंकि इसी प्रश्न की पड़ताल के बहाने बहुत सारी और बातें भी खुल सकती हैं।

आदिवासी साहित्य एवं संस्कृति जैसे प्रश्न पर क्या एक दिवसीय सेमिनार आयोजित करना मात्र रस्म-अदायगी नहीं बन गया! आदिवासी लेखकों को सभी सुनना चाहते थे, उनके कहे पर कई लेखक अपनी बात भी रखना चाहते थे। वैसे भी दिल्ली

में लेखकों, संस्कृति-कर्मियों एवं बुद्धिजीवियों का बड़ा जमावड़ा है। पूरी चर्चा में उनकी शिरकत मात्र एक श्रोता के रूप में ही बनी रही, तब चर्चा के बिंदु रेखांकित नहीं हो सके, न कोई दिशा बन सकी, तो इसमें ताज्जुब की कोई बात नहीं है। बहरहाल।

आदिवासी लेखकों ने कुछ बातें सामने रखीं। कुछ समान, कुछ सामान्य। एक लेखक का मानना था कि आदिवासी लेखक ही असली भारतीय हैं और उन्हें 'जनजाति' के रूप में रेखांकित करना ग़लत है। संयोगवश अकादेमी ने बैनर 'जनजाति सम्मेलन' का ही लगा रखा था, जबकि चर्चा आदिवासी साहित्य एवं संस्कृति पर हो रही थी। आदिवासी लेखक का मानना था कि वस्तुतः 'जाति' शब्द भारतीय मानस और ख़ास तौर पर सवर्ण भारतीय मानस के साथ इतना जुड़ गया है कि वह 'जाति' से अलग हटकर सोच ही नहीं पाता। यह भी सत्य है कि आदिवासियों को जिस तरह के जातिसूचक शब्द दिए गए हैं, वे बेहद अपमानजनक, विरोध के लायक और छोड़ने के काबिल हैं। अनेक जातिसूचक शब्द भले ही अपनी मूल अर्थवत्ता खो चुके हैं या जिस व्यवस्था के अंतर्गत उन्होंने पहचान पाई, वे स्थितियाँ बदल चुकी हैं और अनेक प्रगतिगामी चिंतनशील लोग उनका प्रयोग मात्र ऐतिहासिक महत्त्व के लिए ही करते होंगे नाकि अपना वर्चस्व स्थापित करने या दूसरों को हीन-भाव का बोध देने के लिए। शहरों एवं महानगरों में स्थितियाँ बदली हैं। भले ही आर्थिक, स्थानीय या अन्य कोई दबाव हो, सोच बदली है। संकट सोच के बदलाव का नहीं, पूरी मानसिकता के बदलाव का है। आदिवासी लोगों को संबोधित किए जाने वाले जातिसूचक शब्दों के पीछे छिपी मानसिकता भी कहीं इसी मानसिकता का हिस्सा है। यहाँ एक मिसाल देना ज़रूरी है। उस लेखक ने यह भी बताया कि आदिवासियों में पारदी, साँसी या उठाईगीर जैसी जातियाँ हैं, जिन्हें माँ के पेट से पैदा होते ही चोर बना दिया जाता है और वे जीवन भर चौर्य-कर्म करने के लिए अभिशप्त हैं। उनके बदलाव के सभी द्वार जन्म से ही बंद कर दिए जाते हैं, लेकिन वे लोग इतने मानवीय हैं कि वे चोरी किया हुआ सामान भी मिल-बाँट कर खाते हैं। यहाँ सीधा-सीधा प्रश्न अपराध और मानवीय संवेदना से जुड़ जाता है। मेरे जैसे व्यक्ति के लिए यह तर्क पचा पाना संभव नहीं है कि चोरी करके मिल-बाँट कर खाने से चोरी करना, चोरी करना नहीं रह जाता याकि वह एक अपराध नहीं रहता। किसी भी व्यक्ति, वर्ग या समुदाय को इस सीमा तक धकेल देना कि 'चोर का बेटा चोर' ही कहलाए एक बहुत बड़ा सामाजिक अपराध है। एक सामूहिक अपराध। एक अभिशाप भी। लेकिन इस अपराध का सहारा लेकर दूसरे अपराध को तार्किक दृष्टि से मानवीय आधार प्रदान करना भी कोई हल नहीं है। इस तरह की सोच से दिशा कहाँ मिलती है। ज़रूरत इस स्थिति एवं व्यवस्था से संघर्ष की है नाकि प्रचलित अपराध को दूसरे अपराध के सहारे न्यायसंगत ठहराने की।

एक दूसरे वक्ता ने कहा कि आदिवासियों से उनके जंगल छीने जा रहे हैं।

उन्हें पेड़ काटने से रोका जाता है, जबकि उन्होंने ही पेड़ लगाए हैं, जंगल उगाए हैं। तब अगर ज़मींदार भी यही तर्क देकर मज़दूरों, किसानों का शोषण करता है कि यह ज़मीन उसकी है और वह जैसा चाहे, उसका उपयोग करेगा और उस पर काम करने वाले लोगों पर भी उसी का अधिकार है, तब वह भी ग़लत कहाँ है। इस तर्क के चलते क्या आदिवासियों को जंगलों को अंधाधुंध काटने का अधिकार दे देना चाहिए! पेड़ उगाना हमारा कर्तव्य ज़रूर है, काटना नहीं। पर्यावरण में जिस तरह से असंतुलन पैदा हो रहा है, उसके चलते यह तर्क सही नहीं लगता। उनकी संस्कृति की भी चर्चा हुई। उनके लोक-गीत, नृत्य, संगीत एवं फल तोड़ने से पूर्व तथा अन्य कई क्रियाओं से पूर्व अपने आराध्य देव से क्षमा-याचना करता है आदि-आदि। आदिवासी संस्कृति के घटकों पर अलग से चर्चा की जा सकती है, लेकिन संस्कृति भी कोई स्थिर मूल्य नहीं है। संस्कृति की सत्ता में भी बदलाव आते हैं। शहरों में भी, गाँवों में भी, देशों में भी तो इस तरह का आब्सेशन पालना भी सही नहीं लगता। आदिवासी संस्कृति के जिस रूप की स्थापना फिल्मों ने की है, उससे आदिवासियों को बड़ी चोट पहुँची है। उनकी संस्कृति की पहचान हुई ही नहीं है। यह प्रक्रिया आदिवासियों के शहरों में बसने तथा शहरी लोगों के आदिवासी क्षेत्रों में जाने से ही तेज़ हो सकती है। अच्छा हो कि अगला कोई सम्मेलन आदिवासी क्षेत्र में किया जाए और शहरों के लेखक, चिंतक वहाँ जुटें।

आदिवासियों की आकांक्षाओं की पूर्ति के लिए ही झारखंड बना, छत्तीसगढ़ बना। झारखण्ड के मुख्यमंत्री मरांडी स्वयं आदिवासी हैं और वे बिरसा मुंडा की छवि सामने लाने की कोशिश में लगे हैं। आदिवासियों के संघर्षों की दास्तानें सामने नहीं आई हैं, इसमें दोष सभी का है। आदिवासी स्वयं इस दोष से मुक्त नहीं हो सकते। असल में जब भी कभी दलित साहित्य, आदिवासी साहित्य या अन्य कोई ऐसी ही चर्चा शुरू होती है तो साथ ही यह भी जोड़ दिया जाता है कि इन्हें 'मुख्य-धारा' में लाना होगा। भई यह मुख्य-धारा है क्या बला! कम से कम अपनी समझ में यह बात आज तक आई नहीं। यह अकादमियाँ, यह संस्थान मुख्य-धारा हैं? या बनारस, इलाहाबाद और लखनऊ? दिल्ली ही मुख्य-धारा है? या फिर मुख्य-धारा ब्राह्मण-ठाकुर-कायस्थ की कोई धुरी है? मुख्य-धारा हिंदी में हिंदी मातृभाषी लोगों की है या कि हिंदी में हिंदीतर मातृभाषी लोगों की? याकि इन दोनों का कोई मिला-जुला रूप है? वस्तुतः 'मुख्य-धारा' एक मिथ है। सभी धाराएँ अपनी-अपनी तरह से काम कर रही हैं। साहित्यकार कितना ही धाराबद्ध क्यों न हो, रचना के क्षण में वह नितांत अकेला ही होता है। उस पर उस समय कितने ही दबाव क्यों न हों, अंततः निर्णय उसे ही लेना होता है। यहीं विषय एवं विषयी में तालमेल होता है। ऐसे मुख्य-धारा की बात करना या ऐसे प्रश्न उठाकर दलित लेखकों की तरह से आदिवासी लेखकों को भी कहीं इस अपराध-बोध से ग्रस्त कर देना ठीक नहीं है कि हाँ लिखो-लिखो,

यह भी एक धारा है, लेकिन इसे मुख्य-धारा में अभी आना है। इसके लिए कोशिश करते रहो। मुख्य-धारा किसकी है? कौन है इसका अलंबरदार! इस चक्कर में पड़ने से बेहतर है अपने सच को खोजना, अपनी अस्मिता की रक्षा करना, अपनी अर्थवत्ता के प्रति सजग रहना। उसे बार-बार टटोलते रहना, माँजते रहना।

आदिवासी भाषाओं का प्रश्न भी सामने आया। भाषा व्यवहार से ही विकसित होती है, इसमें दो राय नहीं है। हिंदी के विकास के संदर्भ में आयोगों और समितियों का हश्र हम देख चुके हैं। कौन कहेगा कि आदिवासी भाषाओं का विकास न हो। बाज़ार-तंत्र, सांस्कृतिक पहचान, अभिव्यक्ति का प्रश्न, आदि से टकराते हुए ही इन भाषाओं का विकास संभव हो सकता है। उसके पढ़ने वालों की संख्या, उसका जीवन, जगत एवं व्यापार में उपयोग आदि ऐसी बातें हैं जिन पर खुले मन से विचार किए बिना कुछ हो नहीं सकता। हिंदी का उदाहरण देकर कहूँ तो नौकरशाहों और अंग्रेज़ीदाँ राजनेताओं की चली होती तो आज शायद हिंदी का नामलेवा भी कोई न होता, लेकिन जन-दबाव के चलते आज बोलचाल की बहुसंख्यक भाषा हिंदी ही है। इस संदर्भ में आदिवासी लेखक, विचारक स्वयं सोचें और योजनाबद्ध तरीके से कार्रवाई करें।

आदिवासी साहित्य के बारे में एक महत्त्वपूर्ण बात यह कही जा सकती है कि यह मामूली लोगों का साहित्य है। दलित साहित्य भी इसी दायरे में रखा जा सकता है। 'मामूलियत' को बचाए रखना आज पहले से कहीं ज़्यादा मुश्किल है। मामूलियत कोई अजायबघर की वस्तु नहीं, बल्कि एक जनोन्मुखी मूल्य है। आज दिक्कत यह है कि आज मामूली लोग और मामूली शब्द हाशिए पर हैं। धर्म, संस्कृति के बड़े-बड़े शब्दों, धर्माचार्यों के बड़े शब्दों तथा नैतिकता के बड़े शब्दों के सामने मामूली शब्द खो गए हैं। आदिवासी साहित्य मामूली लोगों का साहित्य है, मामूली शब्दों में ही यह मुखरित हुआ है, लेकिन प्रश्न बड़े उठाता है। साथ ही चेतावनी के रूप में यह भी जोड़ देना आवश्यक न होगा कि मामूलीपन के फेर में हम शब्द के तीसरे आयाम को भी भूलें नहीं। तीसरा आयाम बड़ा मारक होता है। इस संबंध में विस्तार से फिर कभी।

रंगभूमि के बहाने...

हमारे देश में लोगों की भावनाएँ बड़ी जल्दी और ज़रा-ज़रा सी बात पर आहत हो जाती हैं। ताज़ा मिसाल है रंगभूमि में आए कुछ प्रसंगों एवं संबोधनों से आहत होना। रंगभूमि का प्रकाशन 1924-25 में हुआ था यानी लगभग 80 वर्ष पहले। 80 वर्षों के बाद अचानक कुछ दलितों की भावनाओं को ठेस लगी है। स्पष्ट है कि इसके पीछे राजनीति और सस्ती लोकप्रियता या कहें कि प्रचार पाने की मंशा ही झलकती है।

यह कोई पहली बार ऐसा नहीं हुआ और न केवल साहित्य में ही, बल्कि अन्य कलाओं के प्रति भी ऐसा दुर्भावनापूर्ण व्यवहार सामने आता रहता है। एम. एफ. हुसैन तो बार-बार इस मनोवृत्ति का शिकार होते रहे हैं। वे केवल हिंदुओं के ही नहीं, बल्कि रूढ़िवादी मुसलमानों का भी कोपभाजन बने हैं। एक सामान्य महिला के रूप का बखान करने के लिए 'नूर' शब्द का इस्तेमाल करना कुफ़्र हो गया। हम यह भी देखते हैं कि रूढ़िवादी हिंदू ताकतों ने लाख कोशिशों के बावजूद 'वाटर' फिल्म का मुहूर्त ही नहीं होने दिया। अमृता प्रीतम को अपनी कुछ टिप्पणियों के लिए सार्वजनिक रूप से क्षमा माँगनी पड़ी। संभव है कि कुछ लेखकों, कलाकारों की मानसिकता ऐसी हो कि वे जानबूझकर ऐसी अयाचित टिप्पणियाँ करते हों, जिनके बिना भी सृजनात्मक कर्म हो सकता है। फिर भी रचना को जलाकर, गिराकर, तोड़-फोड़कर उसका प्रतिकार करना कहाँ तक उचित है! रचना का धर्म ही संवेदनशील बनाना है। रचना के मर्म में छिपी इंसानी शक्ल की पहचान होनी चाहिए नाकि रचना के ढाँचे या तरीके को अपने अनुरूप न पाकर उसका विरोध किया जाए। न सिर्फ इतना ही बल्कि रचनाकार और कलाकार को जान से मार देने तक की धमकियाँ दी जाएँ।

जो उदाहरण ऊपर दिए गए हैं, उनके अतिरिक्त भी अनेक उदाहरण जुटाए जा सकते हैं। वस्तुतः प्रश्न यह है कि लेखक या कलाकार को अपनी बात को अपनी

तरह से रखने का हक है या नहीं। एक गोष्ठी में महीपसिंह की एक कहानी पर चर्चा हो रही थी। कहानी के केंद्र में 1984 के दंगों से पीड़ित एक सिख चरित्र था। उनसे एक लेखक ने यह पूछा कि आप केवल सिख चरित्रों को ही सामने क्यों लाते हैं? हमेशा उनकी पीड़ा का बखान ही क्यों करते हैं? पंजाब में लगातार चलते रहे आतंकवाद के शिकार बेगुनाह हिंदू आपकी कहानियों के पात्र क्यों नहीं बनते? यही प्रश्न दलित लेखकों से भी किया जाता है कि उनकी रचनाओं के चरित्र दलित वर्ग से ही क्यों होते हैं? याकि किसी मुस्लिम लेखक की रचनाओं के पात्र मुस्लिम ही क्यों होते हैं? पर सवर्ण हिंदू लेखकों से यह सवाल कम ही पूछा जाता है कि उनकी रचनाओं के पात्र प्रायः हिंदू ही क्यों होते हैं! यह एक समाजशास्त्रीय प्रश्न है और मनोवैज्ञानिक भी। वस्तुतः जिस रचनाकार को बचपन से जो परिवेश मिला है, जो लोग मिले हैं, वे ही उसके संस्कारों का हिस्सा होते हैं और वह उसी परिवेश से जुड़े पात्रों को अधिक जुड़ाव एवं संलग्नता के साथ अपनी रचनाओं में उकेर पाता है। किसी भी लेखक के हाथ में यह नहीं है कि वह होश सँभालने से पहले ही स्वयं अपने परिवेश का चुनाव कर सके। होश सँभालने तक उसकी मानसिकता जिस भी रंग की बननी हो बन चुकी होती है। वस्तुतः उसकी यात्रा तो यहीं से शुरू होती है। वह लेखक कहलाने का अधिकारी ही तभी बनता है, जब वह अर्जित संस्कारों को परख-पहचान कर छोड़ना, तोड़ना और बदलना शुरू करता है। जो उसे मिला, वह सब ठीक है तो वह कथा-वाचक बन सकता है या किसी कीर्तन-मंडली का अध्यक्ष—लेकिन लेखक नहीं। मूर्तिभंजन की इस प्रक्रिया में ही यह सब ख़तरे उसके सामने आते हैं। मूर्तिभंजन करना भर ही रचनात्मक कर्म नहीं है, बल्कि लेखक को अपने और समाज के लिए एक प्रति-संसार या कहें कि एक वैकल्पिक संसार भी खड़ा करना होता है—इतना गर न हो तो वह कम से कम वैकल्पिक संसारों की खोज तो ज़रूर करता है।

खोज की इसी प्रक्रिया में वह धार्मिक एवं सांस्कृतिक प्रतीकों की पहचान करने लगता है। उन प्रतीकों को नए अर्थ देने लगता है। जब प्रतीकों के चुनाव का प्रश्न आता है तो उसके सामने वही धार्मिक एवं सांस्कृतिक प्रतीक आते हैं, जो बालपन से ही उसकी मानसिकता का हिस्सा बन चुके हैं। किसी लेखक ने एक जगह प्रतीकों के चुनाव को लेकर टिप्पणी करते हुए कहा था कि हिंदू लेखक अपने रचना-कर्म में हिंदू प्रतीकों को नहीं चुनेगा तो क्या मुस्लिम प्रतीकों को चुनेगा? यह बात आंशिक रूप से सत्य मानी जा सकती है। तब यह भी मानना होगा कि मुस्लिम लेखक मुस्लिम प्रतीकों और सिख लेखक सिख प्रतीकों तथा ईसाई लेखक ईसाई प्रतीकों को चुनेगा और उन्हीं के माध्यम से अपना रचना लोक खड़ा करेगा।

प्रतीकों को चुनने का अधिकार लेखक के पास है। होना ही चाहिए, लेकिन इतने भर से सृजनात्मक कर्म संभव नहीं है। देखना यह होता है कि उन धार्मिक

या सांस्कृतिक प्रतीकों का प्रयोग लेखक किस तरह से करता है। वह उन्हें कुछ नए अर्थ देता है या नहीं? उसका कोई नया आयाम खोलता है या नहीं? उसे अपने परिवेश से जोड़कर उसमें कोई नया रंग भरता है या नहीं? इन सवालों का जवाब ढूँढ़ने के लिए हमें प्रतीकों के जैनेसिसस में जाना होगा। यह भी देखना होगा कि यह बहस शुरू कब हुई।

वस्तुतः पिछले 10 वर्षों में एक राजनीतिक दल द्वारा 'हिंदुत्व' पर छेड़ी गई बहस के ज़रिए इन सवालों के संभावित जवाब खोजे जा सकते हैं। 'हिंदुत्व' का नारा जब उछाला गया तो प्रायः लोगों को लगा कि यह कोई नया शिगूफा छोड़ा जा रहा है, जिसके रथ पर सवार होकर सत्ता प्राप्त की जा सकती है। ऐसा हुआ भी लेकिन यहाँ सत्ता विमर्श को खोलना या उसके रास्तों की परख करना हमारा मंतव्य नहीं है। उस पर टनों की तादाद में बहुत कुछ लिखा जा चुका है। यहाँ खोज इस बात की है कि राजनीतिक शिगूफा और उस शिगूफे के रथ पर सवार हो सत्ता के गलियारों तक पहुँचने वाले राजनेता लेखन एवं अन्य कलाओं को किस तरह से एक दायरे में बंद कर देना चाहते हैं। इतना ही नहीं, वे रचनाकार की सृजनात्मकता को भी अपने पक्ष में खड़ा हुआ देखना चाहते हैं।

'हिंदुत्व' शब्द का पहली बार इस्तेमाल दामोदर विनायक सावरकर की किताब 'हिंदुत्व' में हुआ है। यह किताब पहली बार 1923 में प्रकाशित हुई, जिसमें सावरकर ने अपनी तरह से ऐतिहासिक, वैदिक, पौराणिक एवं प्राकृत, अपभ्रंश साहित्य के हवालों से यह सिद्ध करने की कोशिश की है कि 'हिंदुत्व' 'हिदुइज़्म' से अलग अवधारणा है। वे 'हिंदू' शब्द की व्युत्पत्ति खोजते हुए अपने तर्क जुटाते हैं और प्रमाणित करते हैं कि वस्तुतः 'हिंदू' शब्द 'सिंधु', आर्य, भारत आदि से भी पहले का है, इसके लिए उनके पास ऐतिहासिक साक्ष्य नहीं हैं। केवल भाषावैज्ञानिक तर्क है कि जैसे फारसी में 'स' का उच्चारण 'ह' होता है ऐसे ही प्राकृत साहित्य में है और यह संभव है कि हमारे 'ह' को फारसी में 'स' में बदल दिया गया हो। सावरकर की पूरी किताब में दिलचस्प तरीके से बातें स्थापित की गई हैं। जब उनके पास साक्ष्यों की कमी होती है तो वे बड़ी सुविधा से यह कहकर आगे बढ़ जाते हैं कि प्रमाण तो बहुत हैं, लेकिन यहाँ उन्हें जुटाना संभव नहीं है, कुछ साक्ष्यों एवं अवसर, कुछ अनुमानों तथा अटकलबाज़ियों के आधार पर वे 'हिंदुत्व' की अवधारणा खड़ी करते हैं। यह अवधारणा हिंदुओं (शैव-वैष्णव यानी सनातनी हिंदू), सिखों, जैनियों, बौद्धों तथा आर्य समाजियों आदि को भी 'हिंदुत्व' के दायरे में लाने की कोशिश करती है। मुसलमानों का ज़िक्र आते ही यह अवधारणा वर्णवादी, जातिवादी और नस्लवादी चिंतन में प्रवेश कर जाती है।

असल में जब 'हिंदू-राष्ट्र' की अवधारणा धर्म निरपेक्ष राष्ट्र की अवधारणा के सामने ध्वस्त हो गई तो 'हिंदुत्व' का नारा उठाकर उसे एक लिबरल रूप देने

की कोशिश की गई, जो ऊपरी तौर पर आकर्षित करती है, लेकिन अंततोगत्वा हमें संकीर्ण हिंदूवादी सोच के गह्वर में ही ले जाती है।

यह तो बात थी राजनीति की। हैरानी तब होती है, जब कुछ लेखक एवं कलाकार भी उस संकीर्ण, रूढ़िवादी एवं कट्टरपंथी सोच से प्रेरित होकर लेखन कर्म करते हैं और उसी सोच के तहत वे दूसरों के लेखन पर अयाचित टिप्पणियाँ करते हुए उन ताकतों का सक्रिय साथ देते हैं। वस्तुतः असली चुनौती यहाँ है। कहा जाता है कि खुरचकर देखो तो हर हिंदू अंततः हिंदू, हर मुस्लिम अंततः मुसलमान और ईसाई अंततः ईसाई ही मिलेगा। इस तर्क को आगे बढ़ाएँ तो वह शैव, वैष्णव या आर्य समाजी, मुसलमान अंततः शिया या सुन्नी या ईसाई अंततः कैथालिक या प्रोटैस्टैंट ही मिलेगा। सवाल यह है कि एक रचनाकार इस 'खुरच बिजनैस' से आगे जाता है कि नहीं। पहले भी कहा गया है कि बहस का मुद्दा यह नहीं है कि हिंदू, मुस्लिम या ईसाई लेखक अपने-अपने धार्मिक सांस्कृतिक प्रतीकों का इस्तेमाल क्यों न करे। यह भी सत्य है कि भारत के धर्मनिरपेक्ष सोच या स्वतंत्रचेता लेखक न केवल अपने बल्कि अन्य मतों के भी धार्मिक एवं सांस्कृतिक प्रतीकों का प्रयोग करते दिखते हैं। वस्तुतः सवाल यह है कि उन प्रतीकों को कोई नया अर्थ मिलता है या नहीं—यानी उनका सृजनात्मक उपयोग होता है या नहीं! एक मिसाल देकर बात को यों रखा जा सकता है। पिछले दिनों एक नाटककार ने गणेश को एक प्रतीक के रूप में रखा। सब जानते हैं कि मौजूदा दौर में कुछ नौजवान काम-काज के न मिलने की वजह से कट्टरपंथी शक्तियों के हाथों खेल रहे हैं। कट्टरवादिता के चलते वे किसी तथाकथित मिशन के मोहरे बनते हैं और आतंकवादी या जन-विरोधी गतिविधियों में शामिल होकर सार्थकता का अनुभव करते हैं। इसके साथ राजनीतिक सवाल भी जुड़े हैं। धार्मिक आस्था और जातीय पहचान के प्रश्न भी हैं। अपने उद्देश्य को प्राप्त करने के लिए तत्पर इन नौजवानों के लिए एक रचनाकार गणेश को प्रतीक रूप में इस्तेमाल करता है। पारंपरिक अर्थों में गणेश कार्य के प्रारंभ और उसके निर्विघ्न समाप्त होने का प्रतीक है। आज का रचनाकार गणेश के हाथ में पिस्तौल पकड़ाकर उसकी एक नई व्याख्या पेश करना चाहता है तो इससे रूढ़िवादी लोगों की भावनाओं को ठेस लगने लगती है। यह ग़लत है। रचनाकार को यह अधिकार होना चाहिए कि वह इन प्रतीकों का रचनात्मक उपयोग अपनी सोच के मुताबिक कर सके। वह तो इन प्रतीकों को नए अर्थ देकर अपने समकालीन समाज की जन-विरोधी शक्तियों पर एक टिप्पणी करना चाहता है। कृष्ण को आधुनिक रूप देकर एक राजनेता की टोपी में मोर पंख लगा दिया जाए तो राजनेता के अस्तित्व का अर्थ ही बदल जाता है। अगर ज़रा-ज़रा सी बात पर कहीं न कहीं, किसी न किसी वर्ग या व्यक्ति की भावनाएँ आहत होने लगेंगी तो रचना-कर्म संभव ही नहीं। रामकथा को आज भी वाल्मीकि, तुलसी या मैथिलीशरण गुप्त की तर्ज़ पर लिखने का कोई अर्थ नहीं है। राम के

चरित्र पर अगर प्रश्न-चिह्न लगता है तो इसमें बुराई क्या है? आस्था जब तर्क से परे हो जाती है, तो वह विवेक से भी दूर हो जाती है। उस आस्था के अंधविश्वास में बदल जाने में ज़्यादा देर नहीं लगती। कतिपय राजनेता तो चाहते ही यही हैं कि भारतीय समाज चाहे वे हिंदू हों, मुसलमान हों या कोई और, इन्हीं अंधविश्वासों में पड़ा रहे। रूढ़िवादी होकर जीता रहे। इसी में वोट की राजनीति फलती-फूलती है—लेकिन जब कला-समाज भी उनके स्वर में स्वर मिलाने लगता है तो गंभीर रूप से चिंतन-मनन की ज़रूरत पैदा होती है।

प्रेमचंद की रंगभूमि 1924-25 में प्रकाशित होती है। और सावरकर की 'एसैंशल्स ऑफ हिंदुत्व' 1923 में। क्या यह मात्र संयोग है। संभवतः नहीं। इससे प्रमाणित यह होता है कि जन-पक्षीय विचारधारा और सांप्रदायिक विचारधारा कोई आज की उपज नहीं है। इन दोनों के बीच द्वंद्वात्मक रिश्ते पहले से ही मौजूद थे। हुआ यह है कि 'हिंदुत्व' की उछाल के बाद इन दोनों के बीच संघर्ष पहले से कहीं तेज़ हुआ है और कई बार रचनात्मक कोशिशों की भावनाओं के आहत होने का बहाना बनाकर किया गया विरोध बहुत सस्ती लोकप्रियता दिलवा देता है। एक वर्ग को यह लोकप्रियता मिलती है तो उसी के जैसा सोचने वाला दूसरा वर्ग पीछे क्यों रहे और इस तरह से समाज अंध और विवेकहीन विरोध के दुश्चक्र में फँस जाता है। इसी दुश्चक्र से निकालने के लिए लेखकों/कलाकारों की भूमिका महत्त्वपूर्ण हो जाती है। उन्हें न केवल एक रचनाकार बल्कि एक चिंतक की भूमिका में भी उतरना होगा और आवश्यक हो तो एक सक्रिय सामाजिक कार्यकर्ता के रूप में भी।

आखिर कोई क्यों लिखे

किसी ने कहा है कि आज की दुनिया की सबसे बड़ी दुर्घटना लिखित शब्द की मौत है। सभी सत्यों की तरह से यह भी आंशिक सत्य लगता है। अगर यह सच पूरा होता तो शब्दों का छपा हुआ अम्बार रोज़ हमारे सामने न आता। 'लिखित शब्द की हत्या' की ज़िम्मेदारी रेडियो, दूरदर्शन तथा सिनेमा आदि प्रचार माध्यमों को दी जाती है, लेकिन एक तथ्य यह भी है कि आज विश्व में प्रतिदिन एक हज़ार नयी किताबें छपकर बाज़ार में आ जाती हैं। यह अपने आप में एक प्रतिमान है। लेकिन इसका अर्थ यह नहीं कि आज लिखित शब्द को कोई नुकसान नहीं हुआ है।

शब्द जब सर्जनात्मक साहित्य का माध्यम बनता तो वह गहरे संकट में आ जाता है। लिखता पत्रकार भी है, लिखता सिनेमा का कोई चलता हुआ लेखक भी है और लिखता कोई दूसरे प्रचार माध्मयों के लिए भी है, लेकिन हर तरह का लेखन रचना नहीं होता। जिस संकट और जिस शब्द की हत्या की बात हम कर रहे हैं, उसका संबंध इसी रचनाधर्मी सर्जनात्मक शब्द से है, तो ऐसे माहौल में यह सवाल पैदा होता है कि आखिर आज कोई लिखे तो क्यों लिखे? आज स्वतंत्र रूप से किया गया लेखन लेखक को दो वक्त की रोटी भी नसीब नहीं करवा सकता। यह बात कमोबेश सभी भारतीय भाषाओं के लेखकों पर लागू होती है। लेकिन लेखक की हिम्मत यह कि वह लिखने से बाज़ नहीं आता। आँख फोड़ता है, पेट ख़राब कर लेता है, सर्वाइकल हो जाता है। दिल कमज़ोर पड़ने लगता है, और इस सबके साथ ही वह आर्थिक दृष्टि से भी हमेशा पिछड़ा रहता है, तो फिर वह आखिर लिखता क्यों है? ऐसे भी अनेक उदाहरण हैं कि कुछ लोगों ने अपने यौवन में बड़े उत्साह से लेखन शुरू किया और उम्र बढ़ने और वक्त की मार पड़ने के साथ वह या तो प्रकाशक बन गए या कोई और व्यवसायी। इनकी बात जाने दें। जो सारी मुसीबतों और दिक्कतों के बावजूद भी शब्द में आस्था बनाए रखते हैं यह सवाल उन्हीं के लिए है कि आखिर वे क्यों लिखते हैं। इसका कोई भी एक जवाब दे पाना मुमकिन

नहीं, सिवाय इसके कि वे इसी के लिए अभिशप्त हैं। तो क्या उनकी अभिशप्तता को हम एक वस्तुसत्य मानकर उन्हें ऐसा ही रहने दें?

लेखक हो या कलाकार, दार्शनिक हो या वैज्ञानिक वह अपने जीवन का बेहतर हिस्सा समाज को बेहतर बनाने के लिए लगा देता है, अपने जीवन का बहुमूल्य हिस्सा वह समाज को दे देता है तो क्या समाज का यह दायित्व नहीं बनता कि वह यह सोचे कि उनकी सेवाओं के बदले वह उन्हें क्या दे रहा है? किसी भी समाज के सांस्कृतिक उत्थान का अनुमान इस बात से लगाया जा सकता है कि वह अपने लेखकों, कलाकारों, वैज्ञानिकों और दार्शनिकों का कितना ध्यान रखता है।

भारतीय समाज में आज सबसे दयनीय स्थिति लेखक की है। देश के एक बड़े हिस्से में समझी जाने वाली भाषा हिंदी के लेखक ही दयनीय स्थिति में हैं तो दूसरी भारतीय भाषाओं के लेखकों की स्थिति क्या हो सकती है। केरल में अगर लेखकों की थोड़ी-सी स्थिति बेहतर है तो वह उनके अपने संगठन की वजह से है। और हिंदी में या फिर दूसरी भाषाओं में लेखक अगर आर्थिक दृष्टि से संपन्न नज़र आता है तो वह अपने लेखन नहीं किसी और वजह से है। इसलिए प्रायः सभी लेखक लेखन को एक पेशे की तरह से न अपनाकर एक मजबूरी की तरह से अपनाते हैं। पेशे से वकील, पत्रकार या फिर शिक्षक लेखन के सहारे अपनी आजीविका नहीं चला सकते। ऐसी स्थितियों में, जब लेखन से पर्याप्त मुद्रा प्राप्त न हो सके तो समाज और सरकार का यह दायित्व बन जाता है कि वह आर्थिक दृष्टि से विपन्न लेखक समाज के बारे में सोचे।

हिंदी तथा दूसरी भाषाओं के लेखकों के अनेक ऐसे उदाहरण हैं जिन्हें बीमारी की हालत में आर्थिक अभाव के कारण सही चिकित्सा न मिलने की वजह से अकाल मृत्यु का सामना करना पड़ा। हाल ही में अहमदाबाद में आथर्स गिल्ड ऑफ इंडिया के तेरहवें वार्षिक सम्मेलन का उद्घाटन करते हुए गुजरात के राज्यपाल श्री आर. के. त्रिवेदी ने अपने अनुभव से ऐसी बातें सामने रखीं, जहाँ सहायता न पहुँचने या समय से न पहुँचने के कारण लेखक को मौत के आगोश में जाना पड़ा। जब सरकारी ओहदों पर बैठे यह 'बड़े लोग' यह सब जानते हैं तो वे लेखकों के लिए कुछ करते क्यों नहीं।

लेखकों का शोषण केवल प्रकाशक ही नहीं सरकार भी करती है। सरकारी अकादमियाँ और संस्थाएँ साल में दो-चार लेखकों को पुरस्कार देकर अपने कर्तव्य की इतिश्री मान लेती हैं। दस-बीस हज़ार या पचास हज़ार का जीवन में मिला हुआ एक पुरस्कार क्या लेखक की सभी सेवाओं को एकमुश्त चुका देने का एक ज़रिया है। इसमें मज़े की बात यह होती है कि पुरस्कार की राजनीति में भी सीधा लेखक शिकार होता है। समय पर न मिलने वाले महत्त्व, पहचान या धन का कोई मूल्य नहीं होता।

सरकारी तंत्र में पत्रिकाएँ, कुछ सरकारी प्रकाशन, रेडियो, फिल्म प्रभाग तथा दूरदर्शन ऐसे माध्यम हैं, जहाँ से लेखकों को आमदनी हो सकती है। पत्रिकाओं में प्रकाशित रचनाओं पर मानदेय रचना के स्तर पर नहीं बल्कि शब्दों या पृष्ठों की संख्या को गिनकर दिया जाता है और वह भी बहुत कम। मान लीजिए दो हज़ार शब्दों का कोई चलता हुआ लेख या कोई मेहनत से तैयार किया हुआ शोध-लेख या कोई उच्चस्तरीय कहानी लिखी गई तो सभी रचनाओं को एक ही मानदण्ड से आँका जाएगा, जो उचित नहीं है। इसी तरह रेडियो एवं दूरदर्शन से लेखकों को दी जाने वाली फीस भी अल्प होती है। जहाँ अर्थ-लाभ अधिक होता है वहाँ राजनीति भी ऊँची होती है और कहीं-कहीं तो कमीशन या लड़की और शराब की सेवा के बाद ही कोई बड़ा कान्ट्रेक्ट मिल पाता है। क्या कोई प्रगतिचेता लेखक इस गोरख धंधे में पड़ सकता है। तो ऐसी स्थिति में अर्थ-लाभ के बड़े कान्ट्रेक्ट ज़्यादातर उनके हाथ में जाते हैं, जो मूलतः लेखक नहीं होते। लेखकों को ड्योढ़ी फीस देकर प्रसारण के सभी अधिकार लेने की भी परंपरा यहाँ मौजूद है और अगर प्रसारण की व्यवस्था रायल्टी के आधार पर है तो बाद के प्रसारणों की रायल्टी प्रायः लेखकों को नहीं मिलती। दूरदर्शन में फैला भ्रष्टाचार तो लेखक को किसी माया-लोक-सा लगता है। पिछले ही दिनों एक बड़े अधिकारी और कुछ छोटे अधिकारी गिरफ्त में आए, लेकिन क्या स्थितियाँ कुछ बदली हैं? तो ऐसे में एक सामान्य लेखक की क्या हैसियत कि वह अपनी रचना को छोटे पर्दे तक पहुँचा पाने का दुस्साहस कर सके।

सरकार को चाहिए कि स्क्रिप्ट के चुनाव के लिए गठित समितियों में नौकरशाहों और राजनेताओं की बजाय लेखकों को समुचित प्रतिनिधित्व दे तो हालात बदल सकते हैं। सरकारी प्रकाशनों से प्रकाशित साहित्य भी या तो प्रचारात्मक होता है और सर्जनात्मक साहित्य होता है तो उसे बेचने की कोई कोशिश नहीं की जाती। प्रकाशन विभाग के निदेशक ने बताया कि एक लेखक को एक छोटी-सी किताब से लगभग पचास हज़ार रायल्टी मिली लेकिन साथ में यह भी कह दिया कि उन लेखक ने अपने संबंधों से अमुक सरकार में वह किताब बिकवा दी थी। पहले किताब लिखिए फिर छपवाने के लिए किसी बड़े साहब की चिरौरी कीजिए। छप जाए तो कोई राजनीतिक तिकड़म भिड़ाइए तो...तो कौन कर सकता है इतना सब। निजी प्रकाशकों के हाथों से भी लेखक को रायल्टी नहीं मिलती या बहुत कम मिलती है। क्या इन प्रकाशकों को नकेल डालने के लिए कोई बेहतर अनुबंध पत्र तैयार नहीं किया जा सकता। इस ओर लेखकों के संगठन भी निष्क्रिय क्यों रहते हैं। आथर्स गिल्ड ऑफ इंडिया, भारतीय लेखक संगठन, प्रगतिशील लेखक संघ या फिर जनवादी लेखक संघ जैसी संस्थाएँ लेखक की हालत को सुधारने के लिए क्या कर रही हैं। केवल गिल्ड ने कुछ मामले उठाए हैं। और एक अनुबंध-पत्र भी तैयार किया है, जो प्रकाशकों को स्वीकार्य नहीं हो रहा। ऐसी स्थिति में लेखकों के पास एक ही जवाब है। अपने

सहयोगी प्रकाशन। केरल का उदाहरण उनके सामने है। पंजाबी कोआपरेटिव सोसाइटी ने भी अच्छा काम किया है तो देश के दूसरे लेखक ऐसा क्यों नहीं कर सकते। लेखकों को भी अपना प्रकाशन आंदोलन चलाना होगा और इसमें सरकार को भी उनकी मदद करनी चाहिए।

विदेशों में सोसाइटी आफ ब्रिटिश आथर्स तथा आथर्स लीग आफ यू. एस. ए. की भूमिका से भी प्रेरणा ली जा सकती है।

लेखकों के लिए न पेंशन की सुविधा है, न चिकित्सा भी, न कोई बीमा योजना है और नाही कोई ऐसी व्यवस्था जिससे वे अपनी लेखकीय प्रतिभा की धार को तेज़ कर सकें। अकादमियाँ ठस्स हैं। उनमें बैठे लोग लेखन से दूर ऐसे हालात में लेखक समाज को कब तक और कितना सार्थक दे सकता है, यह सोचने की बात है।

हर पेशे के लोग पेशे के नाम पर सुविधाएँ लेते हैं, लेकिन लेखक के नाम इस समाज के पास कोई सुविधा नहीं है। वही मध्यकाल की मानसिकता आज भी बनी हुई है कि लेखक तो मुसीबत में ही अच्छा लिख सकता है, लेकिन सच यह है कि सुविधाओं के अभाव में ही हिंदी में आज तक कथा-लेखन अच्छी परंपरा नहीं बन सकी। और हम कभी अंग्रेज़ी और कभी फ्रेंच तो कभी जर्मनी की कृतियों की ओर देखते हैं।

लेखक राज्याश्रय से बचता है, वैचारिक स्वतंत्रता के साथ ही वह सम्मानपूर्वक रहना चाहता है। इसलिए राजनीतिक विचारधारा किसी भी लेखक को मदद करने में रुकावट नहीं बननी चाहिए।

हाल ही में गंगाप्रसाद विमल और कमलेश्वर ने एक सुझाव दिया था कि कापीराइट से मुक्त हुई रचनाओं के प्रकाशन और विक्रय से प्राप्त राशि पर रायल्टी ली जाए और यह रायल्टी लेखक सहयोग निधि बनाकर उसमें जमा की जाए। ज़रूरत पड़ने पर किसी भी लेखक को इससे मदद की जा सकती है। यह एक अच्छा सुझाव है और इस पर अमल होना चाहिए। यह सच है कि कालिदास और शेक्सपियर का कोई वंशज है तो लेखक है, नाकि प्रकाशक। इसी तरह की एक सहयोग निधि भारतीय लेखक संगठन ने भी बनाई लेकिन उसमें एक लाख जमा करने का लक्ष्य दस साल में भी पूरा नहीं हो सका। हाँ, अब संगठन के सदस्यों के सहयोग से चार किताबें प्रकाशित करवाई गई हैं। इनसे मिलने वाली रायल्टी भी सहयोग निधि में ही जमा होगी। यह एक अच्छी शुरुआत है और ऐसी और योजनाएँ भी सामने आनी चाहिए।

एक सुझाव यह भी है कि पुस्तकालयों से लेकर पढ़ी जाने वाली किताबों पर भी कुछ राशि रायल्टी के तौर पर लेखक को दी जानी चाहिए।

ऐसे और भी अनेक सुझाव हो सकते हैं, जिससे लेखकों की स्थिति बेहतर हो और अगर लेखकों की आर्थिक दशा को सुधारने के लिए न प्रकाशक ध्यान देता है, न सरकार, न समाज तो सवाल यही खड़ा होता है कि आखिर कोई क्यों लिखे?

बही लिख-लिख के क्या होगा

हर लेखक के मन में यह दुविधा रहती है कि जो वह लिख रहा है, उसके मानी क्या हैं? वह न भी लिखे तो दुनिया का कुछ बिगड़ने वाला नहीं है, लेखक अक्सर लेखन को एक वैयक्तिक कर्म मान कर अपने को एक खोल में सीमित कर लेता है। लेखन एक वैयक्तिक कर्म है लेकिन लेखक एक सामाजिक प्राणी भी है। सामाजिक ढाँचे में जब परंपराएँ मात्र रूढ़ियाँ बन जाती हैं और मूल्य जब 'मिशन' न होकर 'वस्तु' बन जाते हैं तो दुविधा और भी गहरी हो जाती है।

इसी संदर्भ में अक्सर शैलेंद्र के गीत की यह पंक्ति मन में गूँजती रहती है। 'बही लिख लिख के क्या होगा'। इसी संदर्भ में लेखन की वैयक्तिकता और सामाजिकता की बात उठाई जा सकती है। इसी संदर्भ में यह भी सोचा जा सकता है कि लेखक की 'लिखत' और लेखक की 'करत' में तालमेल होना ज़रूरी है या नहीं? अगर यह तालमेल हो तो लेखन की धार में अधिक पैनापन आता है या नहीं?

जीवन और लेखन में अलग-अलग दृष्टिकोण क्यों?

पश्चिम में और अपने यहाँ भी लेखकों का एक बड़ा वर्ग ऐसा है जो यह मानता है कि लेखक को उसके शब्द के ज़रिये ही पहचानना चाहिए नाकि उसकी 'करत' के ज़रिये। 'करत' और 'लिखत' का घालमेल नहीं करना चाहिए क्योंकि अन्ततः हमारे पास 'लिखत' ही बचती है, 'करत' नहीं। इसे स्वीकार करना आसान नहीं है। जिए गए जीवन का लेखन पर असर न हो, ऐसा संभव नहीं है और यह भी देखने में आता है कि लेखन की धार जिए गए जीवन की धार से बदलती है। बहुत दूर न भी जाएँ तो इसे नागार्जुन, रामविलास शर्मा और अज्ञेय के लेखन से समझा जा सकता है। नागार्जुन फक्कड़ होकर जिए, फक्कड़ होकर लिखा और सत्ता और प्रतिष्ठान की परवाह नहीं की, यह उनकी जीवन-शैली से भी झलकता रहा। रामविलास शर्मा की मिसाल भी सामने है, कि उन्होंने भी बेहद सादगीपूर्ण जीवन जिया और सादगीपूर्ण तरीके से ही बड़ी बातें कहीं। इनके बरक्स अज्ञेय को लें तो देखते हैं

कि उनके जीवन का आभिजात्य उनके लेखन से भी झलकता है। इन मायनों में यह सभी अर्थवान लेखक हैं। हालाँकि अज्ञेय लेखक के जीवन और लेखन को अलग-अलग करके देखने के हामी रहे, लेकिन हकीकत यह है कि वे व्यवहार में लिखत एवं करत को बहुत अलग करके नहीं चल सके।

आज के लेखक : लेखन का असर क्यों नहीं होता?

वस्तुतः इन मिसालों को देने का मकसद आज के लेखकों पर नज़र डालना है। आज लेखकों का एक बड़ा वर्ग ऐसा है, जिनकी 'लिखत' एवं 'करत' के बीच एक बड़ी फाँक है। आज लेखक प्रायः यह शिकायत करता सुनाई देता है कि उसका लिखा कोई पढ़ता नहीं, पढ़ता है तो कोई समझता नहीं। इस बहाने वह कई बार स्वयं को भवभूति से जोड़कर उस अदृश्य पाठक की प्रतीक्षा में रहता है, जो कभी न कभी ज़रूर मिलेगा। उसे उस समय का इंतज़ार रहता है, जब उसका 'उचित' मूल्यांकन होगा। उसे यह शिकायत भरी आशा हमेशा बनी रहती है कि कभी न कभी उसे इतिहास में जगह ज़रूर मिलेगी। ऐसी सोच रखने वाले लेखकों का लेखन प्रायः इकहरा, भोथरा और अपने समय से बाहर होता है। वह शब्द की महिमा भले ही बखानता रहे, लेकिन अनुभव को ढोने वाले शब्द उसके पास नहीं होते। सोच समझ को बदलने वाली ताप उनके लेखन में नहीं होती। इसलिए उन्हें अक्सर उपेक्षित किए जाने, उपेक्षित होने की शिकायत बराबर बनी रहती है। कोई पूछे भला इन लेखकों से कि आखिर इतिहास बनता कैसे है? भला अर्थवान लेखकों के बिना इतिहास बनेगा ही कैसे? फिर इतिहास की इतनी चिंता क्यों?

असली मुद्दा क्या है?

आज लेखक ने यह सोचना कम कर दिया है या छोड़ ही दिया है कि उसका पाठक कहाँ अदृश्य हो गया है? अगर है तो वह उससे संवाद क्यों नहीं करता। लेखक यह मानने के लिए तैयार क्यों नहीं होता कि उसके लेखन में ही कहीं ऐसी खोट हो सकती है कि उसका असर होता नहीं। तो यह खोट कहाँ है।

लगता यह है कि लेखक ने आज अपनी सामाजिक सक्रियता या तो कम कर दी है या बंद कर दी है। यह आम-जन से कटता चला गया है। भौतिक विकास के युग में उसने भी सुविधाएँ अर्जित की हैं और वह भी आम-जन की तरह से ही उन सुविधाओं में कैद हो गया है। उसकी दौड़ फैलोशिप और पुरस्कारों तक सिमट गई है। दो-चार समितियों का सदस्य होते ही वह खुद को महत्त्वपूर्ण अनुभव करने लगता है। यह महत्त्वपूर्णता जो उसे शब्द के माध्यम से अर्जित करनी थी, वह इन लेखनेतर माध्यमों से अर्जित कर लेता है। इन लेखनेतर माध्यमों से वह जो अर्जित करता है, उससे न तो अनुभव-संपन्नता आती है और न ही लेखकीय-संपन्नता।

लेखक और सक्रियता

यह सवाल आज पहले से ज़्यादा गंभीर और पहले से ज़्यादा चुनौतीपूर्ण हो गया कि क्या लेखक के लिए सामाजिक सक्रियता ज़रूरी है? क्या वैचारिक सक्रियता ही उसके लिए काफी नहीं है। लगता है कि सामाजिक सक्रियता ज़रूरी ही नहीं, अपरिहार्य है। सामाजिक सक्रियता लेखक को जीवन के व्यावहारिक प्रश्नों के रू-ब-रू खड़ा करती है। सामाजिक सक्रियता लेखक को अपने व्यक्तित्व की ताब और धार पहचानने का अवसर देती है। शब्दों में युद्ध करना आसान है, शब्दों में क्रांति लाना भी आसान है, शब्दों में परिवर्तन का मायाजाल खड़ा करना कला है, लेकिन जब लेखक सक्रिय होकर वास्तविकताओं के सामने खड़ा होता है। एक आम-जन की तरह। एक आम-जन के साथ—तब उसे पता चलता है कि इन कठोर वास्तविकताओं से जूझते हुए क्रांति लाना तो दूर, सामाजिक तौर पर छोटे-छोटे परिवर्तन लाना भी कितना मुश्किल है! कितना जोखिम भरा।

इससे भी महत्त्वपूर्ण प्रश्न यह है कि लेखक जो लिख रहा है उसमें वह विश्वास भी कर रहा है या नहीं। हमारे लेखक मित्र फौरन कहेंगे कि क्या लेखक किसी राजनीतिक दल का झंडा उठाकर चले याकि कोई खास बिल्ला लगाकर मरे। न चले राजनीतिक झंडा उठाकर न मरे कोई खांस बिल्ला लगाकर, लेकिन उसमें इतना नैतिक साहस तो होना ही चाहिए कि वह अपने लेखन में जिन मूल्यों की स्थापना करता है, उनके पक्ष में खड़ा हो सके, बोल सके। इसी संदर्भ में मुझे अपने एक मुस्लिम लेखक मित्र की याद हो आई है। उनसे दंगों पर बहस हो रही थी। सांप्रदायिकता की चर्चा करते-करते बात हत्याओं तक पहुँची। उन्हें भी अपनी हत्या होने की आशंका दिखने लगी। वे उन दिनों एक अजनबी शहर में थे। उन्होंने जो कहा वह इस प्रकार था "शहर में फसादात हो रहे थे। मुझे डर लगा कि कोई मुझे भी मार देगा और फिर इन हिंदुओं का क्या भरोसा, वे तो मुझे जला देंगे।" यानी उनको मरने से ज़्यादा चिंता इस बात की थी कि कहीं उन्हें जला न दिया जाए। दफनाने पर ही कयामत के दिन फैसला होगा और अगर उन्हें पहले से ही जला दिया गया, तो वे उस जन्नत से महरूम रह जाएँगे, जहाँ हूरें हैं, जहाँ मीठे पानी की नहरें बहती हैं—वगैरह-वगैरह। ऐसा ही एक प्रसंग हिंदू लेखक मित्र का भी दूँगा। वे लेखन में बड़े क्रांतिकारी हैं। कविता में क्रांति से कम तो कुछ होता ही नहीं, मृत परंपराओं के घोर विरोधी, लेकिन जब बात अपने पर पड़ी तो उन्होंने वे सब आडंबर किए जिनका वे विरोध करते रहे। हरिद्वार अगर 'हाड़ की पैडी' तो फिर अपने प्रियजन की अस्थियाँ विसर्जित करने के लिए वहीं जाना ज़रूरी क्यों हो जाता है? प्रसंग और मिसालें और भी हो सकती हैं। सवाल यह है कि लेखक जब खुद ही इन आडंबरों और पाखंडों से नहीं लड़ सकता तो वह किस सामाजिक बदलाव की बात अपने लेखन के माध्यम से करना चाहता है? वस्तुतः आज के बड़े लेखक वर्ग की नियति यही बन गई है।

कुंडली का विरोध करो, यह अंधविश्वास है लेकिन जब अपने बेटे-बेटी का विवाह हो तो कुंडली मिलवा लो। मिलवा ही नहीं लो, बल्कि धूर्त ब्राह्मणों द्वारा सुझाए गए सारे उपचार भी करो। तो इस तरह का टूटा-फूटा लेखक, डरपोक और सिर्फ अपनी ही दुनिया के खोल में बंद लेखक कौन-से सामाजिक बदलाव की बात करता है? यही वजह है कि उनके लेखन का असर पाठकों पर नहीं होता। इनसे बेहतर हैं वे लेखक जो इन अंधविश्वासों और पाखंडों को जीवन का ज़रूरी हिस्सा मानते हुए या फिर उन पर आस्था रखते हुए लिखते हैं। उन्हें एक खास तरह का पाठक वर्ग तो मिलता है। यह बहस अलग है कि ऐसे लेखन की कितनी ज़रूरत है। याकि लेखक को बहती धारा के साथ ही बहते चले जाना है याकि बहती धारा के विरुद्ध खड़ा होने की शक्ति अर्जित करना है। बहती धारा के विरुद्ध अगर खड़ा होने का नैतिक साहस ही नहीं है तो फिर लिखते रहो बही, खोलते और बंद करते रहिए खाते, कुछ बदलने वाला नहीं है। ज़्यादा से ज़्यादा आप रसवाद के दायरे में दाखिल होकर तरह-तरह के रस लूट सकते हैं।

लेखन की मार्केटिंग

कुछ लेखक मित्रों का मानना है कि आज का हिंदी लेखक अपने लेखन की मार्केटिंग करना नहीं जानता। अंग्रेज़ी लेखकों को देखिए किस हाई-स्केल पर उनकी मार्केटिंग होती है। उससे कहीं बेहतर हिंदी में लिखा जा रहा है, लेकिन मार्केटिंग नहीं है। आज के ज़माने में कहें तो इस भूमंडलीकरण के दौर में बिना बाज़ार के आप उत्पादन की सोच भी नहीं सकते। साहित्य, कला भी एक उत्पाद है, एक फिनिश्ड प्रॉडक्ट—तो फिर उसके लिए बाज़ार बनाने में घबराहट क्यों? उत्पादन करके बाज़ार बनाएँ या बाज़ार तैयार करके उत्पादन करें—यह अलग बात है, लेकिन बाज़ार ज़रूरी है। लेखन अंततः एक निष्कपट प्रक्रिया है। पूरी निष्कपटता एवं ईमानदारी से ही लेखन संभव है। यह पहली अनिवार्यता है। इसके लिए बाज़ार हो भी सकता है और नहीं भी हो सकता। लेकिन लेखन की निष्कपटता को भी अगर बाज़ार की शक्तियों के हवाले कर दिया जाए तो उसके कई खतरे हैं। सस्तापन, भोंडापन, सनसनी फैलाना या संदर्भ एवं दृष्टिहीन होकर केवल गुदगुदाने के लिए लेखन आदि। इस लेखन से भला क्या होगा। सिर्फ टाइम पास! यहाँ चिंता उस लेखन की है, जिसे लिखकर लेखक स्वयं किसी ग्रंथि से मुक्त होता है और अपने पाठक को भी किसी ग्रंथि से मुक्त करता है। इस तरह के निष्कपट एवं ईमानदार लेखन की मार्केटिंग ज़रूर करनी चाहिए और उस पर कीमत का बिल्ला लगा नज़र आना चाहिए। ऐसा लेखन न भी बिके, या कम बिके तब भी यह खतरा लेखक को मोल लेना चाहिए। अगर लेखक के पास सोच के स्तर पर कोई मूल्य नहीं, कोई पैराडाइम नहीं तो वह लेखन सिवाय कागज़ काले करने के और कुछ नहीं है।

मामूली शब्दों का महत्त्व

लेखन के बेअसर होते चले जाने के पीछे ऐसा भी लगता है कि हम मामूली शब्दों के बजाय बहुत बड़े-बड़े शब्द इस्तेमाल करने लगे हैं। यह बड़े शब्द हमें बड़े धोखे में डालते हैं। मानवता, धर्मनिरपेक्षता, सांप्रदायिकता, फासीवाद वगैरह-वगैरह। ऐसे अनेक अवधारणामूलक या फिर हवा में लट्ठ भाँजने वाले जैसे शब्द और भी हो सकते हैं। शब्द सुने, पढ़े और बिना उन्हें अपने जीवन में उतारे या उन्हें अपने व्यक्तित्व के साथ जोड़कर बिना परखे हम उनका इस्तेमाल करने लगते हैं। वस्तुतः ऐसे में यह शब्द उबले हुए आलू जैसे हो जाते हैं। इन्हें मसल-कुचल कर कोई भी रूप दे लो—चाहो तो कचौड़ी बना लो, चाहे टिकिया, पराँठे में भर लो या टेस्टी टोस्ट में। जैसा आदमी, वैसा ही उनका उपयोग। इस तरह के बड़े शब्दों का स्वरूप भी कुचला-मसला हुआ हो गया है। इसीलिए यह शब्द अब असर नहीं करते। असर होगा तब जब इन्हें अपने पर घटाकर अपने अनुभवों एवं अपने व्यक्तित्व से जोड़कर निष्कपटता से यह समझने की शक्ति आ जाए कि स्वयं लेखक कितना धर्म निरपेक्ष है या धर्म (संप्रदाय) सापेक्ष, कितना जनतांत्रिक है, कितना फासीवादी, यह खोज तो हर लेखक को अपने अंतर में घुसकर करनी ही होगी।

इसी के बरक्स यह बात ध्यान में आती है कि हमने बहुत ही मामूली से लगने वाले शब्दों को अपने जीवन से बाहर क्यों धकेल दिया है। मसलन मानवतावाद, मानवीय मूल्यों का झंडा उठाने के बजाए हम जीवन में थोड़ी-सी करुणा उतार लें तो सोचने और देखने का तरीका बदल सकता है। धर्म-निरपेक्षता की दुहाई देने और उसकी अलग-अलग व्याख्याएँ करने के बजाए यह मान लें कि दूसरा जो कर रहा है, वह वही करेगा। हम उसकी निन्दा करके उसे बदल नहीं सकते। करुणा से बदल सकते हैं। शक्ति से भी बदल सकते हैं। लेकिन फिर आप फासीवादी दुश्चक्र में फँसने से बच नहीं सकते। ममता एक और मामूली-सा शब्द है। सह-अस्तित्व एक और शब्द है। ऐसे ही कई शब्द हैं, जिन्हें हम भूल गए हैं या भूलते चले जा रहे हैं और एक धर्मांध उन्माद के दुश्चक्र में फँसे हुए हैं। लेखन में प्रतीक अलग हो सकते हैं, यह अभिव्यक्ति के माध्यम भर हैं, लेकिन व्यक्ति का दुःख धार्मिक या सांप्रदायिक आधारों पर विभाजित नहीं किया जा सकता।

वस्तुतः लेखक की लड़ाई यहाँ होनी चाहिए। यह लड़ाई हमेशा ज़रूरी रही है, लेकिन इन दिनों जिस तरह से एक बड़ी सामरिक शक्ति (अमेरिका) ने पूरे विश्व के जनमत को चुनौती दे डाली है, ऐसे में यह लड़ाई पहले से भी ज़्यादा ज़रूरी हो गई है। संभवतः लंबी और पेचीदा भी। इसके लिए सक्रियता ज़रूरी है—बेहद ज़रूरी—वरना कहना होगा कि लेखक में इतनी ताब नहीं तो फिर बही लिख-लिख के क्या होगा?

दलित लेखन के सामने हैं यह सवाल

मनुष्य के जीवन में एक बात जो सामान्य रूप से रेखांकित की जा सकती है, वह है परिवर्तनशीलता, जिसे प्रायः नश्वरता समझ लिया जाता है, वस्तुतः है तो वह भी परिवर्तन ही। कुछ परिवर्तन हमें दिखता है, कुछ आंशिक रूप से दिखता है और कुछ अदृश्य रहता है। मनुष्य के जीवन में ही जब परिवर्तनशीलता है, प्रकृति में परिवर्तनशीलता है तो फिर यही परिवर्तनशीलता कलाओं एवं साहित्य में प्रतिध्वनित कैसे न होगी।

परिवर्तनशीलता का टाइम-स्पैन

समय के साथ-साथ साहित्य में परिवर्तनशीलता का टाइम-स्पैन कम हुआ है, लेकिन उसके आयामों में विस्तार हुआ है। दो दशक पहले तक ही हिंदी साहित्य में दलित साहित्य या नारीवादी साहित्य की चर्चा या तो नहीं थी, अगर थी भी तो उसे हाशिए पर या कई बार हाशिए से भी बाहर धकेल दिया जाता था, लेकिन धीरे-धीरे यह दोनों विमर्श केंद्र में आ गए और उन पर विभिन्न कोणों से चर्चाएँ होने लगीं। इसी के साथ आदिवासी साहित्य के बारे में चर्चा होने लगी। यहाँ हम दलित सहित्य से जुड़े हुए कुछ सवालों पर बात करेंगे।

साहित्य की पहचान का प्रश्न

सबसे पहले यह प्रश्न उठाया जा सकता है कि साहित्य की हम पहचान कैसे करते हैं। एक बड़ा वर्ग ऐसा है, जो स्वयं को इस पहचान से दूर रखने की कोशिश में लगा रहता है। उनके लिए मनुष्यता बड़ी चीज है, मनुष्यता ही बड़ा मूल्य है और इससे इतर सब लेबल है, लेकिन क्या बिना लेबल के किसी को पहचान मिलती है! नाम तो हर मनुष्य का भी होता है, तो फिर साहित्य की विभिन्न सरणियों पर लेबल लगाने में गुरेज़ क्यों? वस्तुतः देखा जाए तो अपनी पहचान स्थापित करने के लिए ही किसी लेबल की जरूरत पड़ती है। इसीलिए हम आज हिंदी कविता को

सगुणवादी, निर्गुणवादी, सूफी या संतकाव्यधारा से पहचानते हैं। उसे हम कहीं राष्ट्रीय सांस्कृतिक कविता का नाम देते हैं, कहीं छायावाद, प्रगतिवाद या फिर नयी कविता का। साहित्य के साथ दलित शब्द जोड़ने के पीछे भी इस मंशा के अतिरिक्त क्या हो सकता है कि उसे एक पहचान मिले। हम देखते हैं कि धीरे-धीरे दलित लेखकों का एक जमावड़ा सामने आया है और दलित लेखक कौन? दलित लेखन की प्रामाणिकता, उसकी अर्थवत्ता, परिमाण और गुणवत्ता को लेकर चर्चाएँ होती रही हैं, अब भी हो रही हैं। प्रश्न यह है कि दलित लेखन के मूल्यांकन के बिंदु क्या हो सकते हैं।

सामाजिक परिवर्तन के रास्ते

इससे पहले दो-एक बातें सामाजिक परिवर्तन के बारे में। अनायास परिवर्तन जो होते हैं, उनका तो विश्लेषण ही किया जा सकता है, लेकिन जो सामाजिक परिवर्तन सायास होते हैं, उनकी दिशा, प्रक्रिया और उनके तरीकों पर भी बात की जा सकती है, मसलन परिवर्तन मार्क्स, लेनिन, गाँधी, अंबेडकर, सभी चाहते हैं, लेकिन इन परिवर्तनों की दिशाएँ और उनके तरीकों में फर्क है। मार्क्स तो चिंतक थे, उन्होंने दिशाओं की ओर ठोस संकेत किए, लेनिन ने उन्हें लागू किया, उधर माओ ने अपने ढंग से क्रांति की। भारत के संदर्भ में देखें तो समाज में आमूल परिवर्तन की दिशा तय करने वाले बुद्ध के बाद गाँधी ही हैं। गाँधी के समानांतर अंबेडर को खड़ा किया गया है। गाँधी समन्वय, सह-अस्तित्व, अहिंसा एवं सत्याग्रह के रास्ते समाज में क्रांतिकारी परिवर्तन लाना चाहते थे, तो अंबेडकर के अनुभवों में दलित, पिछड़े वर्गों की बदहाल ज़िंदगी तैर रही थी। गाँधी सामाजिक स्तर पर उन कसैले अनुभवों से नहीं गुज़रे थे, जिन अनुभवों से अंबेडकर गुज़रे थे, इसीलिए अंबेडकर के परिवर्तन का रास्ता अधिक मारक था, वह अपनी पहचान अलग माँगता था। उसमें संघर्ष की ध्वनियाँ गाँधी के संघर्ष की ध्वनियों से अलग थीं। कड़वाहट भरे अनुभवों, संघर्षों की दास्तानें, अपमानजनक स्थितियाँ दलित साहित्य का हिस्सा बनती हैं।

दलित लेखन बनाम दलित लेखक

इसलिए यह प्रश्न उठा कि जो लेखक स्वयं दलित नहीं है, जिसने दलित-जीवन के अपमानजनक पहलुओं को भोगा नहीं है, वह दलित साहित्य की रचना कैसे कर सकता है। नई कहानी के दौर में भी कमलेश्वर ने कभी भोगे हुए यथार्थ का प्रश्न उठाया था, तब भी यह बहस चल निकली थी कि लेखक की संवेदनशीलता का दायरा इतना तंग नहीं होता, कि वह दूसरों के अनुभवों को अपनी मानसिकता में न ढाल सके या वह दूसरों के सिरदर्द को अपना सिरदर्द न बना सके। लेखक की सफलता ही इसी में है कि वह दूसरों की पीड़ा को अपनी पीड़ा बनाकर उसे कला के स्तरों पर

शब्दों में उतारे। मनोवैज्ञानिक दृष्टि से देखें तो यह बात सही नहीं लगती। सुई के चुभने की पीड़ा का अनुभव किसी को नहीं है तो वह किसी दूसरे व्यक्ति को सुई चुभने के अनुभव को अपना अनुभव कैसे बना सकता है। इसी तर्क के चलते दलित लेखकों ने दलितों के बारे में ग़ैर-दलितों द्वारा लिखे साहित्य को खारिज करना शुरू कर दिया। मनोवैज्ञानिक आधार पर पहले कही गई बात सत्य है, लेकिन मनोवैज्ञानिक आधार पर ही यह भी सत्य है कि अति-संवेदनशील व्यक्ति दूसरे की पीड़ा में शामिल हो सकता है। उसका हिस्सा बन सकता है, अगर ऐसा नहीं तो पूछा जा सकता है कि राम और सीता की पीड़ा देखकर सामान्य पाठक दर्शक विचलित क्यों हो जाता है? फिल्मों में ही मार्मिक दृश्य देखकर वह रोने क्यों लगता है। यह विरेचन है, साधारणीकरण है या आत्मदया है—इसे जो भी नाम दे लें, लेकिन सत्य यह है कि देखे, सुने, पढ़े और भोगे हुए यथार्थ से कहीं न कहीं तादात्म्य होना संभव है। इसलिए दलित लेखकों का यह आग्रह उचित नहीं लगता कि केवल दलितों द्वारा लिखा गया लेखन ही दलित लेखन है।

दलित लेखन : कितना साहित्य

इस सारी बहस में महत्त्वपूर्ण प्रश्न यह है कि दलित लेखन के नाम पर जो लिखा जा रहा है, वह साहित्य के दायरे में कितना आता है। कला के प्रचलित या नए स्थापित मानों पर वह कितना ठहरता है या कि इसके पीछे किन्हीं दूसरे मंतव्यों की गंध आती है?

यह सत्य है कि सदियों से पिछड़े वर्गों में पढ़े-लिखों की जमात ने अपने स्वत्व को आज़ादी के बाद अधिक पहचानना शुरू किया है। जाति-व्यवस्था के भयावह बंधनों के चलते दलितों एवं पिछड़े वर्गों पर अत्याचार भी होते रहे हैं। आदिवासी, विमुक्त जातियाँ, पिछड़ी जातियाँ आदि सभी मनुवादी जाति-व्यवस्था का शिकार रही हैं। पहले यह एक राजनीतिक प्रश्न के रूप में उभरा। उससे पहले एक सामाजिक बुराई के रूप में, लेकिन जाति का बंधन इतना दृढ़ और इतने गहरे तक धँसा हुआ है, कि वह छुड़ाए नहीं छूटता। कहीं न कहीं, किसी न किसी स्तर पर शिक्षित समाज भी जाति-व्यवस्था के चक्कर में बुरी तरह से फँसा हुआ है। वह भी इसे कर्म के साथ जोड़ने के बजाय जन्म से जोड़ता है। इसे विकास की प्रक्रिया में एक ऐतिहासिक सच्चाई मानने के बजाय इसे रक्त की शुद्धता से जोड़ता है। वर्णवादी, नस्लवादी और रंगवादी सोच के सामने वर्गवादी सोच ध्वस्त हो गई लगती है, इसलिए भारत के संदर्भ में 'कास्ट इज़ क्लास' की बात कही गई। इसमें अलग-अलग राय रखने वाले भी इस तथ्य को नज़रअंदाज नहीं कर सकते कि समाज में कुछ जातियों का वर्चस्व रहा है। सत्ता एवं पूँजी—दोनों ही उनके कब्ज़े में रही हैं। ऐसे में दलित लेखन और गाली-गलौज पर उतर आता है या उसमें एक जाति के प्रति विद्वेष नजर आता

है, तो वह अस्वाभाविक नहीं है। लेकिन लगभग दो दशकों के बाद दलित साहित्य में सोच के गहरे सरोकार दिखने चाहिए।

दलित साहित्य : सौंदर्यशास्त्र का प्रश्न

दलित साहित्य का सौंदर्यशास्त्र क्या है? इस पर जब लिंबाले या अन्य लोग लिखते हैं तो कहीं लगता है कि वे अभी भी परंपरागत साहित्यिक मानों और मूल्यों की पकड़ से पूरी तरह छूटे नहीं हैं। अभी भी कहीं रसवाद के प्रति एक मोह उनमें बैठा हुआ दिखाई देता है। यह तथा ऐसे ही कई अन्य प्रश्नों का सामना आज दलित लेखकों को करना होगा।

दलित लेखन के सामने हैं यह सवाल

पहला प्रश्न तो यही है कि दलित लेखक ही जब सुविधा संपन्न हो जाते हैं तो प्रायः वे भी उन्हीं आडंबरों का शिकार हो जाते हैं, जिन आडंबरों का शिकार तथाकथित अगड़ी जातियाँ या सवर्ण लोग हैं? वे भी कर्म-कांड और अंधविश्वासों के शिकार होकर उन्हीं के समान क्यों दिखना चाहते हैं, जिनका विरोध करके वे आगे बढ़े हैं। कहा जाए तो वे भी नाक कटवाकर भगवान के दर्शन करना चाहते हैं, क्यों? वे भी सामाजिक परिवर्तन के बजाय सामाजिक यथास्थिति को स्वीकार क्यों करने लगते हैं?

दूसरा प्रश्न यह कि वे शास्त्रों द्वारा स्थापित साहित्यिक मानों के प्रति मोह क्यों रखते हैं और उनके अपने साहित्यिक मान क्या हैं?

तीसरा प्रश्न यह कि दलित लेखन में कुछ जातियों से जुड़े पात्रों की भूमिका, उनके चरित्रों में एकरूपता क्यों रहती है। यह मानना कहाँ तक सही है कि ब्राह्मण या क्षत्रिय होने से ही व्यक्ति दुष्ट हो जाता है। क्या इन वर्णों से जुड़े चरित्रों की मानसिकता भी अलग-अलग नहीं होती। लगता है यहाँ पर दलित लेखकों ने सुविधा का रास्ता अपनाया है। चरित्र की परख या पहचान की जगह पूर्वाग्रहों ने ले ली है, एक गोष्ठी में बहस के दौरान जब यही सवाल इस लेखक ने उठाया था तो एक दलित लेखक का जवाब था कि जिसे लाठी की चोट लगती है, वही जानता है कि उसका दर्द क्या है! यह बात पहले भी स्वीकार की जा चुकी है कि चोट का दर्द वही जानता है, जिसे चोट लगी है, फिर भी संवेदनशीलता तो इसी में है न कि दूसरा भी उस चोट के दर्द को महसूस करे। वह महसूस कर भी रहा हो और उसे कहा जाए कि यह तो छद्म है, या गाली देकर नवाज़ा जाए तो संवेदनशीलता किसी अन्य तरह की प्रतिक्रिया में बदल सकती है। इसलिए यह प्रश्न उठाना लाज़िमी है कि क्या चरित्र की पहचान पूर्वाग्रहों से संभव हो सकती है?

चौथा प्रश्न यह है कि स्वयं दलित-वर्ग में जो ब्राह्मणवाद पनप चुका है, उससे

लड़ने के उपाय क्या हैं? सुविधाएँ मिलते ही क्रांति और परिवर्तन की बात भूलकर यथास्थिति का हिस्सा बन जाना उसे पुष्ट करना नहीं तो और क्या है? इस ब्राह्मणवाद से लड़ने की तैयारी दलित समाज के पास है या नहीं? या उससे लड़ने का मन भी है या नहीं याकि कहीं मन में यह भाव है कि जैसे-तैसे हम भी वहीं पहुँचें, जहाँ दूसरे पहुँच गए हैं क्या यह सत्य नहीं है कि एक तरह की स्व-केंद्रित दृष्टि दलित समाज में पहले से कहीं अधिक हावी हुई है।

पाँचवां प्रश्न यह उठाया जा सकता है कि भूमंडलीकरण के दौर में, जब बाजार का वर्चस्व लगभग स्थापित हो गया है और ग्लोबल विलेज का स्वरूप भी उभर रहा है। प्रसंगवश यहाँ यह स्पष्ट करना ज़रूरी है कि ग्लोबल विलेज या विश्वग्राम को कई लेखक एक भौगोलिक इकाई के रूप में संकल्पित करके उसका मज़ाक उड़ाते हैं, लेकिन क्या विश्वग्राम कोई भौगोलिक इकाई है। यह तो संचार माध्यमों की सफलता है कि देश के देश विश्वग्राम के रूप में दिखने लगे हैं। यह दूरियाँ अभी और कम होंगी। लोगों के हाथों में क्रय-शक्ति अभी और बढ़ेगी। शीत-युद्ध के समाप्त होने के बाद जिस तरह से पूँजी का साम्राज्य बढ़ा है, अमरीका का वर्चस्व इतना बढ़ा है कि उसे चुनौती देने वाला कोई नहीं रहा। ऐसे में जब तीसरी दुनिया की संकल्पना ही तहस-नहस हो चुकी है, तब इस परिदृश्य में दलित-लेखन की भूमिका क्या है? हालाँकि यह प्रश्न समस्त लेखन के प्रसंग में उठाया जा सकता है, लेकिन भारतीय संदर्भों में दलित-लेखन पर इस दृष्टि से अलग से विचार करना अपेक्षित है।

छठा प्रश्न आरक्षणवाद से जुड़ा है, आरक्षण न कहकर आरक्षणवाद कहने का तात्पर्य यही है कि अब आरक्षण परिवर्तन का एक औज़ार कम और एक राजनीतिक नारा अधिक बन गया है। दलित लेखक मित्र डॉ. अंबेडकर को बड़ा दूरदर्शी मानते हैं, उन्होंने हिंदू धर्म की मनुवादी सोच पर गहरी चोटें की हैं। उन्होंने यहाँ तक कहा है कि हिंदू-धर्म घृणा सिखाता है। यह सही भी है। शूद्रों, अछूतों के प्रति हिंदू समाज में घृणा का भाव रहा है—शहरों में भले ही वह टूट चुका है, लेकिन गाँवों में अभी भी वह मौजूद है। शहर में जाति की पहचान खत्म हो जाती है, जबकि गाँवों में यह पहचान रहती है। बिहार में, उत्तरप्रदेश में आज भी जब किसी को पानी पिलाने से पहले यह पूछा जाता हो कि 'कौन जात!' तो यह शर्मनाक लगता है। ऐसे में आजादी के बाद आरक्षण की ज़रूरत थी। लेकिन समझ में नहीं आता कि डॉ. अंबेडकर सहित संविधान के निर्माताओं ने तब यह कैसे मान लिया कि दस वर्षों में सदियों से पिछड़ा समाज आगे आ जाएगा और तब आरक्षण की ज़रूरत नहीं पड़ेगी। यह सर्वविदित है कि सामाजिक न्याय के नाम पर आरक्षण धीरे-धीरे परिवर्तन के स्थान पर वोट पाने का एक राजनीतिक हथियार बन गया। और अब तो इसे एक हथकंडा ही कहना चाहिए। वस्तुतः आरक्षण की सुविधा केवल जाति के आधार पर देना एक भूल है। जिन जातियों को यह सुविधा मिली है, उनकी मानसिकता ही आरक्षण की

हो गई है। अपनी सही क्षमता पहचानने की कुव्वत कम हुई है। यह एक तरह की लाठी है, जिसके सहारे वे आगे बढ़ते हैं और उन्हें भय है कि लाठी छिनेगी तो वे मुँह के बल गिर पड़ेंगे। आरक्षण शिक्षा तक हो, नौकरी में भी हो और पदोन्नति में भी हो, पहली पीढ़ी को ही मिले या पीढ़ी-दर-पीढ़ी मिलता ही चला जाए—यह कुछ ऐसे प्रश्न हैं, जिनसे समाज जूझ रहा है, लेकिन कोई सर्वसम्मत उत्तर सामने नहीं आता। यह प्रश्न ज़रा अलग हैं। और विस्तार से चर्चा की माँग करते हैं। वस्तुतः इन प्रश्नों को यहाँ उठाने का मंतव्य अलग है। कहीं बोलते हुए एक आलोचक ने कहा था कि दलित लेखक साहित्य में भी आरक्षण की माँग कर रहे हैं, जोकि सही नहीं है। आरक्षण से जुड़े तमाम प्रश्नों की रोशनी में इस प्रश्न पर भी चर्चा की जा सकती है। होता यह है कि समय के साथ सभी की मानसिकता अपनी-अपनी तरह से विकसित होती है। इस विकास क्रम से कुछ कुंठाएँ भी घर कर लेती हैं। लगता यह है कि आरक्षण की सुविधा के साथ जो मानसिकता विकसित हुई है, उसमें कहीं यह कुंठा भी है कि बिना आरक्षण के उनके साहित्य को भी जगह नहीं मिलेगी।

साहित्य या तमाम दूसरी कलाएँ आरक्षण के सिर पर कभी भी पनप नहीं सकतीं। कलाओं का अपना संघर्ष है, जो समय से जुड़ा रहता है। उसमें स्मृति भी है और इतिहास भी। परम्परा भी है और अन्वेषण भी। अन्य कलाओं की तरह से साहित्य भी संघर्ष के रास्ते ही अपनी स्पेस खोजता ही नहीं, बनाता भी है। अगर उसकी स्पेस कभी भी, कहीं भी नहीं बनती तो, उसका मर जाना ही बेहतर है। आरक्षण देकर संभव है, उसे आप कुछ समय तक विश्वविद्यालयों में पढ़वा लें, संग्रहालयों में रखवा लें, लेकिन उसकी परंपरा की निर्मित तभी होगी, जब वह संघर्ष के रास्ते ही पाठकों की धमनियों में उतरेगा।

मुझे याद आता है कि अपने एक साक्षात्कार में कहीं मन्नू भंडारी ने एक प्रश्न का उत्तर देते हुए कहा था कि गुटबाज़ी लेखन के लिए नहीं, लिखे हुए को जमाने के लिए की जाती है। इसके पीछे अवश्य ही उनके नई कहानी के दौर के अनुभव बोल रहे थे। यह सत्य है कि गुटबाज़ी के चलते एक गुट-विशेष से जुड़े लेखकों के लेखन को उछाला जाता है। उस पर बहस करवाई जाती है, उसे जमाया जाता है, इसका तात्कालिक प्रभाव भी होता है, लेकिन लेखन तो एक मैराथन रेस है। हो सकता है सौ, दो सौ मीटर की रेस कोई लेखक गुट बनाकर जीत भी जाए, लेकिन मैराथन जीतने के लिए या उसमें बने रहने के लिए भी बड़े दम-खम की ज़रूरत है। नई कहानी के साथ चलने वाले अनेक लेखक, जो उस दौर में चर्चाओं के केंद्र में रहा करते थे, आज कहाँ हैं! यह तो बहुत ही पास का इतिहास है। ज़रा पाँच-सात सौ साल पीछे लौटें तो स्थिति और भी स्पष्ट होने लगती है। प्रगतिवादी दौर की कविता मात्र एक ऐतिहासिक संदर्भ बनकर रह गई है।

दलित लेखन के सामने इस समय सबसे बड़ा खतरा ही अनुभवों को सँभालने

का है। उनके पास बड़े ही गहरे और तल्ख़ अनुभव हैं। अनुभवों की आँच विचलित भी करती है, लेकिन तात्कालिक। अच्छी रचना तो उसे ही माना जा सकता है, जो बार-बार हमें आमंत्रित करे। और बार-बार उसके नए-नए अर्थ खुलें। क्या यह शक्ति दलित लेखन ने अर्जित की है। उसका पाठक भी अगर दलित लेखक ही है तो यह स्थिति और भी चिंताजनक है। समय, स्थितियाँ, सुविधा, राजनीति, नारा, गुट प्रायः लेखन को चर्चित करवा देते हैं, लेकिन इनसे जितना लाभ है, उससे ज़्यादा ज़रूरी है उनसे सावधानी। दलित लेखन भी इसका अपवाद नहीं हो सकता कि उसे इन सवालों के जवाब खोजने होंगे।

विमुक्त जातियों का क्या करें!

किसी को भी अचानक यह पता चले कि भारत की पचपन साल की आज़ादी के बाद भी यहाँ दस करोड़ से भी ज़्यादा ऐसे लोग हैं, जिन्हें अभी संवैधानिक अधिकार भी प्राप्त नहीं हुए तो कैसा लगेगा! भारत! जहाँ अभी भी बावन करोड़ लोग निरक्षर हैं। यह संख्या पूरे विश्व में निरक्षरों की संख्या से ज़्यादा है। भारत! जहाँ तीस करोड़ से अधिक लोग गरीबी की रेखा से नीचे रहते हैं। अभी भी। पचपन साल की आज़ादी के बाद। भारत जहाँ संवैधानिक गारंटी के बाद अभी भी महिलाओं, दलितों, बच्चों एवं वृद्धों के साथ अमानवीय व्यवहार होते हैं! और ऐसे भारत में राजनेताओं की प्राथमिकताएँ क्या हैं! लेखकों, कलाकारों की चिंताएँ क्या हैं! इन सवालों पर ज़रूर बात करनी चाहिए।

हाल ही में दिल्ली में विमुक्त जातियों का पचासवाँ सम्मेलन हुआ। देश की राजधानी में इतने बड़े स्तर पर यह पहला आयोजन था। इसकी सूत्रधार रमणिका गुप्ता थीं। अजित कौर का सहयोग था और सम्मेलन में कई राजनेता, लेखक एवं बुद्धिजीवियों ने भी शिरकत की। महाश्वेता देवी अध्यक्षता कर रही थीं। वहाँ जो कुछ भी तीखे सवाल उठे, वे स्वयं में इन घुमंतू जातियों का पक्ष था, जो सत्ता के प्रतिपक्ष के रूप में ही देखा जा सकता है। उनके पक्ष का भी एक प्रतिपक्ष बनता है, जिस पर विचार किया जाना चाहिए। विचार इस बात पर भी किया जाना चाहिए कि साहित्य या दूसरी कलाओं में इन वंचितों की पीर क्यों नहीं सुनाई दी। और अब जब उन्हीं के माध्यम से वह पीर सुनाई देने लगी है तो उसका स्वरूप क्या है? उसके खतरे क्या हैं?

यह सत्य है कि संघर्ष के दौर में इन जातियों को पीछे धकेला गया। वे आदिवासी हैं, जिसका सीधा अर्थ यही है कि इस देश के वे 'आदि' बाशिंदे हैं और उन्हीं को नागरिक अधिकारों से वंचित करके समाज से बाहर फेंक दिया गया। वे जंगलों और पहाड़ों में जा छिपे। फिर ब्रिटिश सत्ता ने उन पर और पाबंदियाँ लगाईं और एक

तरह से उनके कांसंट्रेशन कैंप बना दिये। ऐसे में उन्होंने अपने समाज बनाए। अपनी परंपराएँ विकसित कीं। अपनी जातियाँ बनाईं या उनकी कुछ जातियाँ बना दी गईं। विकास के नाम पर उनसे उनके जंगल छीने गए, उनका पानी छीना गया और उन्हें एक स्थान से दूसरे स्थान पर जाने के लिए विवश किया गया। वे घुमंतू कहलाए। आज़ादी के बाद नेहरू के हस्तक्षेप से उन्हें मुक्त तो किया गया, लेकिन उन्हें सभी संवैधानिक अधिकार अभी तक भी प्राप्त नहीं हुए हैं। इसके लिए वे संघर्षशील हैं और इस संघर्ष में लेखकों/बुद्धिजीवियों का साथ उन्हें मिलना ही चाहिए। मिल भी रहा है, लेकिन कितना? इसमें हिंदू समाज का एक बड़ा हिस्सा तो राम मंदिर में ही फँसा है। सांप्रदायिकता निकृष्ट ही होती है, पर आज हम सांप्रदायिकता के निकृष्टतम चेहरे को देख रहे हैं। मनुष्य को बचाने के बजाए उस 'राम' को बचा रहे हैं, जिसका अस्तित्व ही शंकाओं के घेरे में है। यह सचमुच एक दारुण समय है, जिसमें मनुष्यता दम तोड़ रही है।

ऐसे समय में विमुक्त जातियों के साथ हो रहे अमानवीय व्यवहार इसे और भी दारुण बना देते हैं। इन जातियों का समाज पर आरोप है कि इनसे इनकी संपत्ति, जिसमें जंगल, पानी शामिल है, छीन ली गई। इनका आरोप है कि सत्ता प्रतिष्ठान एवं व्यवस्था के पुर्ज़े यथा पुलिस आदि इनके साथ, खासतौर पर महिलाओं के साथ अभद्र व्यवहार करती है। आरोप है कि इनकी परंपराओं को नष्ट कर दिया गया है, शेष जो बची हैं, उन्हें भी नष्ट किया जा रहा है। आरोप है कि इन्हें संवैधानिक समाज में प्रवेश नहीं दिया जा रहा। आरोप है कि इन्हीं की संपत्ति का दोहन करके इनका ही शोषण किया जा रहा है। आरोप है कि तथाकथित आभिजात्य समाज, साहित्य एवं कलाओं में इनकी आवाज़ को नहीं सुना जा रहा। आरोप है कि...आरोपों की यह फेहरिस्त और भी लंबी हो सकती है। यह उनका पक्ष है। जो सत्ता के लिए प्रतिपक्ष है। लेकिन हम उनके पक्ष का एक दूसरा प्रतिपक्ष भी खड़ा कर सकते हैं। उनके तर्कों में निहित जो कुछ खतरे हैं, उनकी ओर संकेत करना भी ज़रूरी है।

कहा गया कि उनकी साँसी, पारदी आदि जातियों में चोरी करना अपराध नहीं, बल्कि यह उनकी परंपरा है। चोरी करने के बावजूद वे इतने ईमानदार हैं कि चोरी का सामान ठीक तरीके से बाँट कर खाते हैं और अगर आसपास कोई बीमार हो तो पहले उसे देते हैं। यह तो मालूम नहीं यह प्रथा कब शुरू हुई होगी, लेकिन हुई होगी किसी ज़रूरत के दबाव में या फिर सभ्य समाज से बदला लेने के लिए। यह जातियाँ सिर्फ चोरी ही नहीं करतीं, जहाँ चोरी करने जाती हैं, उस घर के लोगों की हत्या भी कर देती हैं। आज जब हम संवैधानिक अधिकारों की लड़ाई की बात करते हैं और उचित ही करते हैं तो इस तरह की परंपरा को आज भी औचित्यपूर्ण ठहराना या उसे बनाए रखना सही है क्या! ऐतिहासिक एवं सामाजिक कारणों से ऐसी दूसरी कई प्रथाएँ भी होंगी, जिन्हें उसी तरह से सही नहीं ठहराया जा सकता, जिस तरह

से कोई जन्मना ब्राह्मण उन सभी अधिकारों की बात करे, जिसे कोई व्यक्ति पढ़-लिख और स्थितियों को समझ-बूझ कर ही हासिल कर सकता है। प्रथा एवं कुप्रथा, परंपरा एवं रूढ़ि में भेद करना ज़रूरी है। हर समाज में ज़रूरी है। इसलिए इस तरह की परंपराओं को महिमामंडित करने के बजाए इन्हें छोड़ने की बात की जानी चाहिए। इससे भले ही सुधारवादी नज़रिया माना जाए, लेकिन विमुक्त जातियों को अपना संघर्ष तेज़ करने और उसका जनाधार बढ़ाने के लिए यह करना ही होगा। एक ओर हम सामाजिक परिवर्तन की बात करें और दूसरी ओर रूढ़ियों एवं कुप्रथाओं को छोड़ने के बजाए उन्हें बनाए रखने के तर्क तलाशते रहें, तो यह बात चल नहीं सकती। यह विरोधाभासी नज़रिया हमें दो कदम आगे, दो कदम पीछे की प्रक्रिया में वहीं का वहीं खड़ा रखेगा।

सवाल और भी हैं। दलित हों, या फिर अनुसूचित जाति के लोग, आदिवासी हों या अनुसूचित जनजाति के लोग। घुमंतू हों या टिके हुए, पिछड़े हों या अति पिछड़े, अंत्यज हों या कुछ और। क्या कारण है कि इन तमाम लोगों के पास एक ऐसा मंच नहीं है, जहाँ से समवेत रूप से विरोध एवं परिवर्तन का स्तर उठाया जा सके। एक सम्मेलन में एक वक्ता ने बोलते हुए कहा था कि हमारा दिमाग इतना बंद हो चुका है कि हम जाति के दायरे से बाहर निकलकर सोच ही नहीं पाते। आदिवासियों को जनजाति कहकर ही संतोष पाते हैं। जातियों में भी उपजाति ढूँढ़ते हैं, गोत्र ढूँढ़ते हैं और तालमेल बिठाते हैं। यह सब क्या है? महाश्वेता देवी ने इसी राष्ट्रीय सम्मेलन में आह्वान किया था विमुक्त जातियों का कि आप लोग दलितों से अलग नहीं हो। उनका शोषण हुआ है, आपका भी हुआ है। कारण, स्थितियाँ भले ही अलग-अलग हों, लेकिन इस शोषण के पीछे मानसिकता तो एक ही है। इसलिए एकजुट संघर्ष ज़रूरी है। यहीं पर यह बात भी जोड़ी जा सकती है कि तथाकथित अगड़ी जातियों का एक बड़ा वर्ग भी इनके संघर्ष के साथ खड़ा है, इसलिए एक सिरे से सभी को गरियाना भी क्या ठीक है? सदियों से दबे इन लोगों का ताप समझ में आता है, लेकिन उन्हें भी प्रबुद्ध लोगों के सहयोग को समझना चाहिए। फिर तमाशा अनुसूचित जातियों/जनजातियों का भी देखिए! ब्राह्मणत्व वहाँ भी पैदा हो चुका है, उसका क्या करें। आरक्षण का लाभ जिन लोगों को दूसरी तीसरी पीढ़ी तक प्राप्त हो चुका है और वो आर्थिक एवं सामाजिक दृष्टि से अपनी जगह बना चुके हैं, फिर भी आरक्षण छोड़ने को तैयार नहीं। क्यों? इस प्रश्न पर भी विचार करना चाहिए। इस प्रश्न भी विचार करना चाहिए कि सामाजिक दृष्टि से भले ही जिन जातियों का उत्पीड़न न होता हो, लेकिन आर्थिक दृष्टि से अनेक लोग पीड़ित एवं शोषित हैं, उनका क्या किया जाए? इन प्रश्नों से बचकर निकलने और सिर्फ वोटों की राजनीति करने से काम नहीं चलेगा, बल्कि सभी ओर से एक समग्र चिंतन की ज़रूरत है।

प्रश्न यह भी है कि विमुक्त जातियों के साहित्य को कितनी जगह प्राप्त है। किसी एक जगह पर बोलते हुए डॉ. नामवर सिंह ने कहा था कि ये लोग साहित्य में भी आरक्षण माँगते हैं। साहित्य में आरक्षण नहीं चलता। माना कि साहित्य में आरक्षण नहीं चलता, लेकिन साहित्य में ब्राह्मणवाद या ठाकुरवाद भी नहीं चलता। चलता था। अब नहीं। बाद में नामवर जी ने भी संवभतः अपने विचार को बदला। यहाँ साहित्य में आरक्षण का सवाल नहीं है, यहाँ ज़रूरत है दलितों, आदिवासियों एवं विमुक्त जातियों के अनुभवों को समझने की। यह साहित्य पढ़ते ही एक अलग दुनिया हमारे सामने खुलती है, जिसे जानकर भारत के तथाकथित गौरवशाली इतिहास एवं संस्कृति पर शर्म आने लगती है। अमरीका में लोगों को दासता से मुक्ति मिलती है तो हम 'वाह-वाह' करते हैं, अपने यहाँ मिलने लगती है तो हम 'हाय-हाय' क़रते हैं। यही वे दोहरे मानदंड हैं, जिन्हें लेकर भारतीय समाज खासतौर वो समाज जीता है, जिसे हम आभिजात्य समाज कह सकते हैं। यह आभिजात्य कहीं केवल अर्थ की दृष्टि से नाप लिया जाता है, कहीं बौद्धिकता की दृष्टि से और कहीं मात्र सुविधा की दृष्टि से।

यह भी समझना जरूरी है कि मनुष्य चाहे कहीं भी हो, कैसा भी हो, मुनष्योचित कमज़ोरियाँ उसमें होंगी ही। जाति चाहे पिछड़ी हो या अगड़ी, ईर्ष्या से कोई भी मुक्त नहीं है, न मोह से, न मद से। इन्हें जानते हुए, और मानते हुए भी हमें रास्ते निकालने हैं। और आज जब भूमंडलीकरण ही सरकार के पास एक मंत्र रह गया है, तब यह काम और भी मुश्किल है। भारतीय समाज कभी इतना संपन्न नहीं हुआ कि शिक्षा एवं स्वास्थ्य जैसी सेवाओं को भी बाज़ार की शक्तियों के हवाले कर दिया जाए। यह भी कहना ज़रूरी है कि आज भारत को ज़रूरत 'राम' की नहीं, काम की है—और काम के सही दाम की भी।

खंड दो

नाट्यानुवाद की प्रक्रिया–एक

नाट्यानुवाद पर बात करने से पहले अनुवाद पर ही दो-एक बातें ज़रूरी हैं। पहली यह कि क्या अनुवाद ज़रूरी है? और दूसरी यह कि क्या अनुवाद संभव है? पहले प्रश्न का उत्तर स्पष्ट रूप से 'हाँ' है, क्योंकि अनुवाद न करने की स्थिति में बहुत कुछ जानने से हम महरूम रह जाएँगे। अनुवाद मात्र एक भाषा से दूसरी भाषा में रूपांतरण नहीं है, बल्कि उसके साथ संस्कृति, समाज, भूगोल, इतिहास एवं धर्म-दर्शन आदि के गहरे प्रश्न जुड़े हुए हैं, इसलिए अनुवाद एक ज़रूरी प्रक्रिया है। इसी के साथ एक प्रश्न यह भी जुड़ा हुआ है कि क्या किसी रचना का अनुवाद बार-बार करना चाहिए। यह प्रश्न संभवतः तकनीकी विषयों के अनुवाद को लेकर उतना उलझा हुआ नहीं है, जितना कि सृजनात्मक अनुवाद को लेकर। मिसाल के तौर पर क्या कालिदास, शेक्सपियर, ब्रेश्ट या दांते की रचनाओं का अनुवाद बार-बार होना चाहिए, तो इसका जवाब भी 'हाँ' में है, क्योंकि समय बदलने के साथ-साथ भाषा का स्वरूप भी बदलता है और बार-बार सृजनात्मक साहित्य का अनुवाद होने से उसमें नवीनता बनी रहती है। यह तो एक सकारात्मक कारण है, लेकिन कई बार अनूदित कृतियों के अनुवाद नाकाफी या भ्रष्ट लगते हैं, कई बार मैकेनिकल और कई बार अधूरे, ऐसे में भी उन रचनाओं का बार-बार अनुवाद उत्तेजना जगाता रहता है। यह बात नाट्यानुवाद पर दूसरी विधाओं की अपेक्षा ज़्यादा लागू होती है।

दूसरा प्रश्न है कि क्या अनुवाद संभव है? उत्तर में यही कहा जा सकता है कि अनुवाद संभव नहीं है, तो क्या इस तर्क के चलते अन्य भाषाओं की रचनाओं को अपनी भाषा में नहीं लाना चाहिए। अरस्तू के अनुकरण सिद्धांत के सहारे बात करें तो अनुवाद अनुकरण के अनुकरण का अनुकरण है। यानी वह सत्य से तीन बार दूर है। इस दृष्टि से अनुवाद सर्वथा त्याज्य है। लेकिन हम क्रोचे के अभिव्यंजनावाद के बहाने यह भी जानते हैं कि वस्तुतः अभिव्यक्ति या कहें कि सृजन तो पूरी तरह से कलाकार या रचनाकार के मन में हो चुका होता है और वह उसे रंग, शब्द या

ध्वनि देने की प्रक्रिया में वास्तविक सृजन से दूर होता जाता है। वस्तुतः यह सृजन की प्रक्रिया है, सृजन की इसी प्रक्रिया में मूल कल्पना में कुछ जुड़ता और घटता चला जाता है, क्योंकि सृजन अंततः ट्रांस या कहीं अकेले में उभरी एक लीक या छवि के साथ-साथ कांशस स्तर पर किया गया एक ऐसा सामाजिक प्रयास है जो वैयक्तिकता का सोपान चढ़ कर ही आ सकता है। इसलिए मानना चाहिए कि सृजन का अनुवाद संभव नहीं, लेकिन सृजन का पुनः सृजन संभव है। इस पुनः सृजन को ही अनुवाद की संज्ञा प्रदान करते हैं। वस्तुतः श्रेष्ठ सृजन ही हमें आकर्षित एवं प्रभावित करता है तथा रचनाकार को कई बार पुनः सृजन के लिए उकसाता है। पुनः सृजन के कारक मूल रचना का पाठ, प्रभाव, यश, सीखने की इच्छा या फिर उस रचना के सुख को दूसरों के साथ बाँटने की आकांक्षा हो सकती है। इसलिए अच्छी रचनाओं का अनुवाद कई-कई बार होना ज़रूरी हो जाता है।

अब प्रश्न अनुवाद की प्रक्रिया का है। साहित्यिक रचनाओं के अनुवाद की प्रक्रिया अख़बारी अनुवाद, सरकारी अनुवाद या भाषणों आदि के अनुवाद से अलग है। हालाँकि कई बार उच्च कोटि के नेताओं के भाषणों का अनुवाद भी सृजन का सुख देने लगता है, लेकिन ज्ञापनों, परिपत्रों, निविदाओं या सूचनाओं के अनुवाद नितांत मैकेनिकल होते हैं। उनका मकसद भी अलग होता है और यह अनुवाद इस समय हमारा विषय भी नहीं है।

अब प्रश्न यह उठता है कि क्या सभी साहित्य विधाओं के अनुवाद की प्रक्रिया एक ही है? इसका जवाब भी ज़रा पेचीदा है। दर्शन, शास्त्र, विचार अथवा तर्क का अनुवाद होता ही नहीं, बल्कि उसे एक भाषा से दूसरी भाषा में रूपांतरित करना होता है। इसमें समस्या अवधारणात्मक शब्दों की रहती है, क्योंकि वे अवधारणात्मक शब्द शास्त्रीय एवं वैचारिक परंपरा का उत्पादन होते हैं और वे किसी भाषा की निजी संपदा भी। यह हम जानते ही हैं कि भाषा अंततः किसी भी समाज की बौद्धिक संपदा है और बौद्धिकता के स्तर, आयाम तथा आशय हर समाज में अलग-अलग होते हैं। साम्यता की स्थिति में अनुवाद में आसानी होती है, जबकि विभिन्नता या वैषम्य की स्थिति में या तो हमें उन शब्दों के पर्याय बनाने या ढूँढ़ने होते हैं। या फिर हम उस शब्द को उसी रूप में या थोड़े-बहुत फेर-बदल के साथ स्वीकार कर लेते हैं। मिसाल के तौर पर 'अकादमी' या 'स्पुतनिक' जैसे शब्द।

साहित्य के अनुवाद में भी कथा-साहित्य का अनुवाद अपेक्षाकृत सहज होता है, जबकि कविता एवं नाटक के अनुवाद की शर्तें ज़रा कठिन होती हैं। प्रायः माना जाता है कि नाटक भी अंततः दृश्य काव्य ही है, अतः कविता एवं नाटक के अनुवाद के समय कुछ बातें समान रूप से दृष्टिगोचर होती हैं। कविता और नाटक में पहली बड़ी साम्यता इन दोनों विधाओं की व्यंजना शक्ति में है। दूसरी साम्यता है बिंब-विधान एवं दृश्य-बंध, तीसरी साम्यता हम दोनों विधाओं के सृजन में आई 'स्पेस' में देखते

हैं। कविता में जो अलिखित है, वह भी उतना ही महत्त्वपूर्ण है, जितना कि लिखित। यही स्थिति नाटक की भी है, दोनों ही विधाएँ पाठक अथवा दर्शक से सीधा संवाद भी करती हैं और उन्हें कल्पना लोक निर्माण करने का अवसर भी देती हैं। तो क्या दोनों विधाओं के अनुवाद की प्रक्रिया भी एक सी है। उत्तर है नहीं—यहाँ हम काव्यानुवाद की प्रक्रिया पर बात नहीं कर रहे, इसलिए सीधे-सीधे नाट्यानुवाद की प्रक्रिया पर बात करना ही ठीक रहेगा। पहले यह जान लेना ज़रूरी है कि नाटक आखिर है क्या? क्या संवाद-शैली में लिखी गई किसी भी कृति को हम नाटक कह सकते हैं? संभवतः नहीं। ऐसी कृतियाँ नाटक दिखती ज़रूर हैं, पर होती नहीं हैं। मिसाल के तौर पर हरिकृष्ण प्रेमी, लक्ष्मीनारायण मिश्र या सेठ गोविंददास आदि लेखकों के कई नाटक। यह नाटक पाठ्य तो हैं, लेकिन मंचन की दृष्टि से इनके नए सिरे से मंच आलेख तैयार करने की ज़रूरत होगी। यही स्थिति कमोबेश प्रसाद के नाटकों की भी है। अपनी तमाम काव्यमयता, अभिव्यंजनात्मकता, बौद्धिकता एवं सांस्कृतिक उन्मेष के महत्त्व को रेखांकित करने के बावजूद ये नाटक, नाटक से नाट्य तब तक नहीं बन सके, जब तक उनके अलग से नाट्यालेख तैयार नहीं किए गए। सो यह समस्या भी थोड़ी अलग है। अब हम उन नाटकों की बात कर सकते हैं, जो कमोबेश मंचन के अनुकूल हैं या उनका अनुकूलन किया जा सकता है। नाटक के चुनाव के बाद ही नाट्यानुवाद की प्रक्रिया शुरू होती है।

नाट्यानुवाद के लोक में प्रवेश करने से पहले यह ज़रूरी है कि अनुवादक को कम से कम दो भाषाओं की पर्याप्त जानकारी हो। केवल भाषा की जानकारी ही काफी नहीं, बल्कि नाटक जिस समाज, काल, भूगोल एवं परिवेश से जुड़ा हुआ है, उसकी जानकारी तो ज़रूरी है ही, साथ ही उसे जिस भी लक्ष्य-भाषा में लाया जा रहा है, उसके समाज, काल, भूगोल एवं परिवेश की जानकारी होना भी ज़रूरी है।

किसी भी नाटक के अनुवाद से पहले उस नाटक के रंग-परिवेश, रंग-शैली एवं रंग-परंपरा को जानना भी उतना ही ज़रूरी है। इतना ही नहीं, नाटक का अनुवाद जिस भाषा में किया जाना है, उस भाषा के रंगमंच तथा रंग-परंपरा को जानना भी उतना ही ज़रूरी है। इतनी तैयारी के बाद ही किसी नाटक के अनुवाद का साहस जुटाना चाहिए। यहाँ यह भी प्रश्न उठाया जा सकता है कि क्या नाटक का अनुवाद मूल भाषा से ही हो या कि किसी तीसरी भाषा के माध्यम से भी उसका अनुवाद किया जा सकता है। वस्तुतः कोई भी व्यक्ति दुनिया की सभी भाषाएँ नहीं जान सकता, ऐसे में विश्व की महान् नाट्य-रचनाओं से वंचित रहना भी कोई समझदारी नहीं है। सो अगर हमें तीसरी भाषा में भी अनुवाद उपलब्ध हो तो उसका अनुवाद अपनी भाषा में करने से गुरेज़ नहीं होना चाहिए। हम देखते हैं कि अनेक इतालवी, जर्मन, बल्गारियाई, रूसी एवं फ्रेंच आदि नाटकों का हिंदी में अनुवाद मूल भाषा से

न होकर अंग्रेज़ी के माध्यम से हुआ है और अंग्रेज़ी के माध्यम से ही हम उन देशों की रंग-परंपराओं से परिचित हुए हैं। इसलिए यहाँ अंग्रेज़ी ही स्रोत-भाषा बन जाती है। इसे हम भले ही सत्य से चार बार दूर मान लें, लेकिन है यह नाट्यानुवाद की प्रक्रिया का एक हिस्सा ही।

नाट्यानुवाद शुरू करने से पहले मूल नाटक को केवल पढ़ना ही नहीं, आत्मसात् करना भी ज़रूरी है। आत्मसात् होने की प्रक्रिया में वह नाटक अनुवादक के मन में अपना रंगमंच खड़ा करने लगता है। नाटक के संवादों के बीच की स्पेस को समझना, रंग-निर्देशों, रंगमंच पर संभाव्य हरकतों, हलचलों, भावों, संकेतों, मुद्राओं, भंगिमाओं एवं बलाघात आदि को पकड़ना भी ज़रूरी है।

इन सबसे भी ज़रूरी है पाठ्य एवं वाचिक शब्द के बीच की खाई को पाटना। बोले जाने वाले शब्द को साहित्य या नाटक का शब्द बनाना और साहित्यिक शब्द को वाचिक शब्द बनाना एक कठिन, लेकिन सृजनात्मक प्रक्रिया है। इस प्रक्रिया को अपनाए बिना कम से कम रंग-नाटक का अनुवाद संभव नहीं है।

नाट्यानुवाद करते हुए शब्द-स्फीति का ध्यान रखना ज़रूरी है। नाटक का दर्शक प्रवचन या भाषण सुनने नहीं आता। वह मंच पर आए दृश्य-बंधों, गतियों, वेश-भूषा, संगीत आदि के माध्यम से नाटक देखना चाहता है। नाटक में अतिशय वाचालता उसका नाट्य-तत्त्व नष्ट कर देती है। नाटक का रंग-व्यापार अवरुद्ध न हो, अभिनेता को शब्द फेंकने के बजाय शब्दों के सहारे अपना अभिनय-कौशल दिखाने का पर्याप्त अवसर मिले, इसका ध्यान नाट्यानुवादक को रखना ही होगा। यानी गतिमयता नाटक में चाहिए, शब्दों में नहीं। हालाँकि उसका वाहक शब्द ही होता है। ऊपरी तौर पर दिखने वाले इस विरोधाभास को भी नाट्यानुवादक के लिए साधना ज़रूरी है। मूल नाटक के संवादों के बीच आई 'स्पेस' का अनुवाद नहीं हो सकता, उसे तो अनुवाद करते हुए खामोशी की भाषा में पुनः सृजित ही करना होगा।

नाटक एक जीवंत कला होने के साथ-साथ अन्य कलाओं पर आश्रित एक कला है। और सभी कलाओं के उत्स के साथ-साथ गहरे सामाजिक, सांस्कृतिक एवं मानवीय प्रश्न जुड़ जाते हैं। रचना जिस काल एवं समाज में स्थित होती है, उस काल एवं समाज का 'ईथास' भी उसके साथ जुड़ा हुआ होता है। इसलिए नाट्यानुवाद करते हुए हमें इस बात का ध्यान रखना होगा कि हम अनुवाद्य नाटक में रची-बसी संस्कृति एवं सामाजिकता का भी अनुवाद न करने लगें, बल्कि उसे उसी रूप में सुरक्षित रखें, जिस रूप में वह मूल रचना में स्थित है। इसलिए हम अनुवाद्य नाटकों को दो श्रेणियों में रख सकते हैं–भारतीय भाषाओं के नाटक एवं विदेशी भाषाओं के नाटक। भारतीय समाज के विभिन्न क्षेत्रों में भाषा चाहे जो भी बोली जाती हो, एक ऐसा सूत्र है जो इन क्षेत्रों को क्षेत्रीयता के बावजूद एक भारतीय समाज का निर्माण करता है। इस भारतीय समाज के 'ईथास', उसके सांस्कृतिक एवं सामाजिक

मूल्यों में बहुत खड़ी खाई नज़र नहीं आती। पूर्वोत्तर भारत के सांस्कृतिक प्रश्न एवं सामाजिक मर्यादाएँ थोड़ी भिन्न हो सकती हैं, लेकिन कमोबेश भारतीय समाज की एक छवि तो बनती ही है। ऐसे में भारत की किसी भी भाषा के नाटक को भारत की ही या कहें कि हिंदी में अनुवाद करने की प्रक्रिया अपेक्षाकृत सरल और कुछ अपनी सी हो जाती है और इस बहाने हम भारत की विभिन्न रंग-शैलियों एवं रंग-परंपराओं के संपर्क में आ जाते हैं। वस्तुतः अनुवाद के प्रश्न तब अधिक गहरा जाते हैं, जब हम विदेशी नाटकों के अनुवाद करने लगते हैं। विदेशी नाटकों में भी यूरोपीय नाटकों, अमेरिकी नाटकों एवं एशियाई तथा घोषित-अघोषित पूर्व समाजवादी देशों के नाटकों को अलगाया जा सकता है। प. यूरोप अथवा अमेरिकी नाटकों में उपस्थित असुरक्षा का भाव, अकेलापन, अपराध बोध, नैतिक वर्जनाओं का टूटना आदि अनेक ऐसी बातें जो भारतीय समाज को उस समाज से अलग करती हैं, जबकि पूर्वी यूरोप, रूस, चीन आदि देशों के समाज का 'ईथास' भारतीय समाज के 'ईथास' या नैतिक मान्यताओं से भी बहुत दूर नहीं पड़ता। इसलिए इन देशों के नाटकों के अनुवाद तथा अमेरिका आदि देशों के नाटकों के अनुवाद करते समय अलग-अलग तरह की समस्याएँ सामने आएँगी, जिन्हें नाट्यानुवाद करते हुए ध्यान में रखना होगा। क्योंकि अंततः नाट्यानुवाद अनुवाद्य नाटक में निहित संस्कृति का अनुवाद नहीं, बल्कि उसका भाषांतर है। लक्ष्य भाषा की शक्ति को स्रोत भाषा की शक्ति के बरक्स रखकर ही हम अपने लिए नाट्यभाषा की खोज कर सकते हैं।

नाट्यानुवाद की प्रक्रिया पर बात करते हुए इस सवाल पर बात करना भी ज़रूरी है कि अगर पूरा मूल नाटक या उसके कुछ अंश पद्य में हैं तो पद्य का अनुवाद पद्य में ही करना चाहिए नाकि उन अंशों को गद्य में ढालने की छूट अनुवादक को ले लेनी चाहिए। मेरी समझ से तो पद्य का अनुवाद पद्य में करना अभीष्ट है, क्योंकि उसे गद्य में ढाल कर हम उसका मूल ढाँचा ही बदल रहे होंगे। ऐसे में अनुवादक का न सिर्फ नाटककार, बल्कि कवि होना भी ज़रूरी है और उसे थोड़ी-बहुत संगीत की जानकारी भी हो तो और बेहतर। पद्य का अनुवाद पद्य में करने से छंद की समस्या सामने आती है। ज़ाहिर है कि हमें अपनी काव्य-परंपरा में उपलब्ध छंदों पर आश्रित होना पड़ेगा। अगर यह संभव न हो तो अनुवादक स्वयं अपने छंद का निर्माण करके भी उसका अनुवाद कर सकता है। यह भी संभव न हो तो कम से कम लय का ध्यान तो रखना चाहिए। लय में शब्दों को बाँध कर भी हम मूल नाटक के समरूप संगीतमय लोक की सृष्टि कर सकते हैं।

अक्सर यह भी देखने में आता है कि अनुवादक को जब नाटक के कुछ स्थल बहुत कठिन लगने लगते हैं या वह किन्हीं कारणों से उनका अनुवाद नहीं कर पाता, तो वह उन्हें छोड़ देता है। यहाँ बहुत ही सावधानी की ज़रूरत है। पहली बात तो यह कि ऐसा करना नहीं चाहिए, लेकिन कई बार स्थानिक शब्दों, अवधारणात्मक

शब्दों या सांस्कृतिक शब्दों के समरूप शब्द लक्ष्य भाषा में उपलब्ध न होने से यह समस्या आ जाए तो अनुवादक अतिरिक्त प्रयास से शब्द-निर्माण करे या फिर लोक-भाषाओं में उनकी तलाश करे। फिर भी संभव न हो तो भ्रष्ट अनुवाद करने से उन्हें छोड़ना ही बेहतर है। लेकिन इससे नाटक के मूल संवेद्य में कोई अंतर न पड़े, इतना ध्यान तो अनुवादक को रखना ही होगा।

अनुवाद करते हुए क्या लक्षित दर्शक-वर्ग का भी ध्यान रखना चाहिए? यह एक मुश्किल प्रश्न है और इसका जवाब भी मुश्किल है, क्योंकि नाटक का अनुवाद होने के बाद वह केवल एक ही रंग-दर्शक के सामने खेला जाएगा, ऐसा ज़रूरी नहीं है। अनुवादक को तो एक बार अपने सामने एक दर्शक-वर्ग लक्षित करके अनुवाद कर देना चाहिए। उस प्रस्तुत आलेख में अलग-अलग दर्शक-वर्ग, स्थान, काल एवं परिवेश के अनुसार जो परिवर्तन किए जा सकते हैं, यह काम रंग-कर्मियों पर छोड़ देना चाहिए। वे स्थितियों के अनुसार 'इंप्रोवाइज़ेशन' करते ही रहते हैं, लेकिन अनुवादक की भूमिका को यहाँ भी नज़रअंदाज़ नहीं किया जा सकता, क्योंकि संवादों के माध्यम से केवल नाटक का संवेद्य ही संप्रेषित नहीं होता, बल्कि चरित्रों का मनःस्थितियों, उनके संघातों, विश्वासों, मूल्यों—बल्कि कहना चाहिए कि चरित्रों के पूरे व्यक्तित्व की बनावट और बुनावट भी संप्रेषित होती है। अतः अनुवादक में इतनी भाषा-दक्षता एवं भाषा-क्षमता होनी चाहिए कि वह नाटक के चरित्रों के व्यक्तित्व को परत-दर-परत रूप में उद्घाटित कर सके। इस उपक्रम में भाषा मात्र किताबों से अर्जित भाषा नहीं हो सकती। ऐसी भाषा कितनी ही साहित्यिक या लच्छेदार क्यों न हो, वह नाटक के किसी काम की नहीं होती। ऐसी कृत्रिम भाषा से न तो चरित्र प्रभावी बन पाते हैं और न ही उनमें विश्वसनीयता आ पाती है।

प्रायः लेखक या तो संस्कृत-निष्ठ हिंदी या फिर अरबी-फारसी निष्ठ उर्दू में नाटकों का अनुवाद कर देते हैं। यह दोनों ही तरह की भाषाएँ नाटक को बोझिल, उबाऊ और सीमित कर देती हैं। इसलिए आम-फहम भाषा का इस्तेमाल ही उपयुक्त हो सकता है। मिसाल के तौर पर एक पात्र का संवाद है किसी दूसरे पात्र के संवाद के संदर्भ में यह है—I am hurt. अब इसका शाब्दिक अनुवाद हो सकता है—'मैं घायल हूँ', 'मैं आहत हूँ' 'मैं व्यथित हूँ', 'मैं ज़ख़्मी हूँ' या ऐसे ही कुछ और। लेकिन स्पष्टतः नाटककार का यह अभिप्रेत नहीं है। वस्तुतः इसका अनुवाद हो सकता है—'मैं दुःखी हूँ' या फिर 'आपने मेरा दिल ही तोड़ दिया है' आदि। संदर्भ के अनुसार। लेकिन शब्दशः अनुवाद तो कभी भी नाटक में न तो ऊर्जा ला सकता है और न ही नाटकीय व्यापार। इसी के साथ बोलियों का प्रश्न भी जुड़ा हुआ है। हिंदी प्रदेश में अनेक बोलियाँ हैं। अतः किसी चरित्र की सामाजिक स्थिति, उसकी मूल्यगत सोच आदि के लिए अगर उन बोलियों के शब्दों का प्रयोग किया जाए तो चरित्र विश्वसनीयता भी आती है और नाटकों में रंग भी।

नाटक में आए हास-परिहास के क्षणों तथा वाग्वैदग्ध्य का अनुवाद लगभग असंभव-सा हो जाता है। इसके लिए अनुवादक के पास इतना भाषा-कौशल एवं अनुभव होना चाहिए तो वह उन क्षणों एवं स्थितियों को पुनःसृजित कर सके। इसके लिए अगर रूपांतर की सीमाओं में भी प्रवेश करना पड़े तो कर जाना चाहिए।

इतना सब जानने एवं करने के बाद भी अगर अनुवाद संभव हो सके तो यह संतोष की बात है, लेकिन इस प्रक्रिया से गुज़रे बिना नाटक का अनुवाद करने के बारे में न सोचना ही बेहतर है।

नाट्यानुवाद की प्रक्रिया–दो

अनुवाद की अर्थ रचना-संस्कृति को पुनः सृजित करना है। किसी भी रचना का अनुवाद करते समय दो सवाल सहज ही सामने आते हैं, पहला तो यह कि इस रचना का अनुवाद क्यों? और दूसरा, उस रचना का अनुवाद कैसे? यानी पहला सवाल रचना के चुनाव और दूसरा अनुवाद की प्रक्रिया से जुड़ा हुआ है। यह भी सच है कि बीसवीं शताब्दी के उत्तरार्द्ध में जितनी रचनाओं का अनुवाद हिंदी या अन्य भारतीय भाषाओं में हुआ है, इतना सबसे पहले कभी नहीं हुआ। स्वतंत्रता-आंदोलन के दौरान लेखक जहाँ अपनी संस्कृति की जड़ों को पहचान रहा था, अपने ढंग से उसे पुनर्व्याख्यायित कर रहा था, वहीं पचास के बाद लेखक ने विश्व-साहित्य को पहले से कहीं ज्यादा व्यापक स्तर पर देखने-परखने की कोशिश की। यह कोशिश इक्का-दुक्का स्तर से शुरू होकर बड़े पैमाने पर होने लगी और विश्व के अनेक देशों का साहित्य हिंदी माध्यम से हमारे सामने आने लगा। अनुवाद, भावानुवाद, पुनः सृजन या रूपांतर की प्रक्रिया पर भी बात होने लगी। ज़ाहिर है कि अधिक-से-अधिक देशों के साहित्य को जानने की ललक एक स्वागत योग्य बात थी, पर इसके साथ सबसे बड़ी समस्या भाषा की थी। प्रायः यह माना जाता है कि साहित्य की मूल भाषा से किया गया अनुवाद या पुनः सृजन मूल के सबसे ज़्यादा नज़दीक होता है, और सीधे मूल भाषा (स्रोत भाषा) से ही लक्ष्य भाषा में अनुवाद होना चाहिए। एक ओर तो अधिक से अधिक साहित्य जानने की ललक, इसी बहाने दूसरे देशों के परिवेश; उसके लोगों की धड़कनें, उनके जीवन-मूल्यों को जानने-समझने परखने की इच्छा और दूसरी ओर भाषा का व्यवधान। कुछ साल पहले तक ही देखो तो प्रायः उन्हीं कृतियों का अनुवाद संभव हुआ है जो अंग्रेज़ी में उपलब्ध थीं। और अंग्रेज़ी में तो पश्चिमी देशों और पश्चिम के भी पूँजीवादी, सामंतवादी देशों का साहित्य ही उपलब्ध रहा तथा शेक्सपियर, बर्नार्डशा या इब्सन जैसे लेखकों का ही अनुवाद बार-बार हुआ। अंग्रेज़ी के माध्यम से ही अमेरिकी साहित्य भी हिंदी में आने लगा। कुछ अनुवाद

और कुछ रूपांतर के बहाने कविता के अनुवाद के बाद सर्वाधिक अनुवाद या रूपांतर नाटकों का हुआ। यह संभवतः इसलिए कि इस सदी में छठे दशक के आरंभ से हिंदी रंगमंच एक रंगान्दोलन के रूप में विकसित होने लगा था।

पश्चिमी पूँजीवादी देशों के साहित्य का अनुवाद कम, रूपांतर अधिक हुआ, कारण है वहाँ और यहाँ के परिवेश में अंतर, वहाँ के जीवन-मूल्यों और भारतीय जीवन-मूल्यों में बड़ा फर्क है। आदमी की मूल-वृत्तियों में कोई अंतर न होते हुए भी सामाजिक स्तर पर उनकी अभिव्यक्ति में अंतर है। जो बात अमेरिकी समाज में स्वीकार्य है, वह हमारे यहाँ एक सामाजिक या नैतिक मूल्य के रूप में स्वीकार नहीं हुई। उदाहरण के लिए, यूजीन ओ' नील के त्रासद नाटकों की बात की जा सकती है। अकेलेपन की त्रासदी, घोर व्यक्तिवादिता, नैराश्य आदि हमारे समाज में आज भी स्वीकृत मूल्य नहीं हैं। यह अलग बहस की बात हो सकती है लेकिन यह सच है कि भारतीय समाज आज भी उसी साहित्य को ज़्यादा खुले मन से स्वीकार करता है जो आदमी की रुचियों को परिमार्जित और परिसंस्कारित करके उदात्त मूल्य की ओर ले जाता है, उसे समाज के साथ जोड़ता है। यही कारण है कि पिछले तीस सालों में भारतीय और खासकर हिंदी का लेखक समाजवादी देश में, या फिर अफ्रीकी साहित्य के प्रति ज़्यादा आकृष्ट हुआ है। वह पश्चिमी यूरोप की अपेक्षा पूर्वी यूरोप से अधिक जुड़ा है। इधर रूसी तथा चीनी साहित्य भी अनुवाद के माध्यम से सामने आया है, जिसकी लंबी तालिका अलग से बनाई जा सकती है।

समाजवादी देशों के साहित्य से जुड़ने का मुख्य कारण यह रहा है कि वहाँ के जीवन-मूल्य हमारे जीवन-मूल्यों के करीब बैठते हैं, मानवीय स्तर पर बेहतर विश्व की संकल्पना को साकार करने के लिए यह व्यवस्थाएँ ज़्यादा तत्पर और ईमानदार नज़र आती हैं, क्योंकि पूँजीवादी व्यवस्था में पनपे छोटे-छोटे स्वार्थ यहाँ संघात का कारण नहीं बनते, बल्कि यहाँ का साहित्य मानवीय स्तर पर बड़े सवालों से जूझता है वैसे ही जैसे भारतीय साहित्यकार जूझ रहा है। इसलिए हिंदी लेखकों का इस ओर आकृष्ट होना बहुत ही स्वाभाविक रहा है।

समाजवादी या अफ्रीकी देशों के साहित्य के अनुवाद या रूपांतर में सबसे बड़ी समस्या भाषा की रही है। इसे भी लेखकों ने अंग्रेज़ी के माध्यम से यह सोचकर हल किया है, कि क्या इतने विपुल साहित्य से हम इसलिए दूर रहे हैं कि हम वह भाषा नहीं जानते। और फिर कोई आखिर कितनी भाषाएँ सीख सकता है। आज भारतीय साहित्य की केंद्रीय भाषा हिंदी बन गई है। किसी भी रचना का हिंदी में अनुवाद होते ही, उसका अन्य भारतीय भाषाओं में अनुवाद सुलभ हो जाता है, ठीक इसी तरह से अंग्रेज़ी में किसी कृति के उपलब्ध होने से वह अन्य भाषाओं में भी उपलब्ध हो जाती है। इस प्रक्रिया में हम स्रोत भाषा से दूर ज़रूर होते हैं; पर इन जीवन-मूल्यों पर बेहतर पकड़ होने के कारण हम मूल के आसपास ही होते हैं। किसी

भाषा के ज्ञान के अभाव में उस भाषा के लेखक के साथ बैठकर और एक दुभाषिया बिठाकर अनुवाद में संभवतः बेहतर परिणाम प्राप्त किए जा सकते हैं, लेकिन ऐसा कितने लोगों के लिए संभव होता है, कभी लेखक ही उपलब्ध नहीं, तो कभी दूरियों के कारण यह संभव नहीं हो पाता।

जब मुझे बल्गारिया की कुछ कविताओं के अनुवाद का अवसर मिला, तब अकविता का एक बल्गारिया विशेषांक निकल रहा था, उसी के लिए मैंने कुछ कविताओं का चुनाव करके अनुवाद किया। मेरे साथ विनोद शर्मा भी थे, हम दोनों अनुवाद करते, एक दूसरे को सुनाते और जहाँ संभव होता, सुझाव देते। इस अनुवाद प्रक्रिया में कई उलझनें भी सामने आईं। कविता के कुछ बिंब प्रतीक अजनबी से लगे, पर उन्हें जल्दी ही हमने आत्मसात कर लिया। इस प्रक्रिया से हमने यह भी सीखा कि हम एक भाषा से दूसरी भाषा में सीधा-सीधा अनुवाद नहीं कर रहे, बल्कि पूरी की पूरी कविता को फिर से रच रहे हैं, अपनी कविता रचने में जो सुख मिलता है, वैसा ही सुख हमें इन कविताओं के अनुवाद में भी मिला था, इसी से लगा कि यह कोई भाषांतर नहीं, बल्कि खुद को रचना लोक में उतारना है, और एक रचना को अपनी भाषा में पुनःसर्जित करना है, संभवतः इसीलिए उन्हें पसन्द भी किया गया।

इससे पूर्व मैं पीटर शेफर के नाटक 'ब्लैक कामेडी' का रूपांतर कर चुका था, इस नाटक को ज्यों-ज्यों पढ़ता गया, लगता गया कि इसका मात्र अनुवाद हमारी सामाजिक स्थितियों, हमारे जीवन-मूल्यों और हमारे रंगमंच के अनुकूल नहीं है। अंग्रेज़ी परिवेश, अंग्रेज़ी समाज के मूल्य और उनकी रंगमंच पर अभिव्यक्ति हमारे जीवन के करीब नहीं लगती थी। उदाहरणार्थ, पात्रों के बार-बार चुंबन, आलिंगन और पिता-पुत्री का एक साथ शराब पीना जैसी कुछ बातें यहाँ स्वीकार्य नहीं हैं। जबकि वहाँ के आदमी और यहाँ के आदमी की मूल वृत्तियों में कहीं कोई फर्क नहीं है और साहित्य में आई यह मूल वृत्तियाँ ही हमें उसके साथ जोड़ देती हैं। नाटक वहाँ के पाखंड और आडंबर पर व्यंग्य भी करता था, वैसा ही पाखंड और आडंबर हमारे समाज में भी है, तो मैंने उसे रूपांतरित करने का निर्णय लिया और भारतीय परिवेश के मुताबिक उसका रूपांतर 'अँधेरे में' नाम से किया। भारतीय परिवेश में ढलने के कारण वह बिल्कुल अपना लगने लगा और अनेक नाट्य-मंडलियों ने देश के अनेक शहरों में उसका मंचन भी किया। इसी बीच कुछ अफ़्रीकी कविताओं के अनुवाद करने का अवसर भी मिला।

कहने का अर्थ यह है कि किस रचना का अनुवाद होना चाहिए और किसका रूपांतर, इसका निर्णय लेकर कोई रचनाकार आगे बढ़ सकता है। यह भी सच है कि तकनीकी अनुवाद करने वाले के लिए सृजनात्मक अनुवाद संभव नहीं होता और जो लोग पेशों की तरह या फिर मशीन की तरह से अनुवाद करते चले जाते हैं, वे प्रायः अच्छी रचनाओं की हत्या कर देते हैं। इसके विपरीत जब भी कोई रचनाकार

किसी दूसरी कृति से प्रभावित होकर अनुवाद करता है, शौक से करता है, तो ऐसी रचनाएँ बेहतर रूप से हमारे सामने आती हैं।

इंडो-बल्गारियन लिटरेरी क्लब की एक बैठक में यह फैसला हुआ कि कुछ चुनिंदा बल्गारियाई साहित्य का हिंदी में अनुवाद किया जाए और हिंदी के साहित्य को बल्गारियाई भाषा में अनूदित करवाकर आदान-प्रदान की एक प्रक्रिया शुरू की जाए। इसी प्रक्रिया की एक कड़ी के रूप में श्री कर्तार सिंह दुग्गल ने एक नाटक का अनुवाद मेरे ज़िम्मे किया। इसके लिए वालेरी पित्रोव का एक नाटक चुना गया। यह नाटक भी अंग्रेज़ी में उपलब्ध हुआ। बल्गारिया मुझे आती भी नहीं, अंग्रेजी का अनुवाद स्पास निकालेव ने 'ह्वैन दि रोज़ेज़ आर डांसिंग' नाम से किया है। तय हुआ कि मैं बैठक में इस नाटक के चालीस-पचास पृष्ठ अनुवाद करके पढ़ूँ और उस पर बात होती चले। पूरा नाटक पढ़ गया, ज्यों-ज्यों इसे पढ़ता गया, अपने समाज से जोड़कर इसे देखता रहा, अपने रंगमंच से जोड़कर परखता रहा। यह भी प्रश्न रहा कि इसका अनुवाद करूँ या रूपांतर, रूपांतर करने की ज़रूरत मुझे इसलिए महसूस नहीं हुई कि सामाजिक परिवेश, चरित्रों की बनावट और रंगमंच की ज़रूरत के मुताबिक मुझे यह अपना-सा लगा।

मन में सबसे पहला सवाल यह आया कि यह उपलब्ध नाटक मूल नाटक के करीब होगा और फिर जब मैं उस अनुवाद का अनुवाद करूँगा तो वह मूल से कितना दूर हो जाएगा? ऐसे में कहीं मूल रचना से मैं बहुत दूर तो नहीं चला जाऊँगा? रंगमंच की ज़रूरतों पर भी मैंने विचार किया। अपना हिंदी रंगमंच पश्चिमी रंगमंच की दृष्टि से तकनीकी रूप में अभी शायद बहुत विकसित न हो तो भी हमारे रंगमंच ने अपना एक मुहावरा अर्जित किया है और मुश्किल से मुश्किल नाट्यालेखों को भी एक-से-अधिक शैलियों में मंचित किया है। तकनीकी दृष्टि से यह नाटक मुझे बहुत सक्षम और विकसित लगा। बल्गारियाई रंगमंच के विकसित स्वरूप की ओर भी यह नाटक संकेत करता है। अतएव मैंने दो फैसले किए, पहला यह कि नाटक रूपांतर नहीं अनुवाद होगा, और अनुवाद का मेरे लिए अर्थ होगा पूरी रचना को फिर से रचना, उसे पुनः सर्जित करता। अनुवाद शब्द तकनीकी अर्थ में जो भ्रम खड़ा करता है, वही सबसे पहले ढूँढ़ना ज़रूरी है, दूसरा यह कि तकनीकी दृष्टि से इसमें परिवर्तन नहीं करूँगा और मंचित करने की स्थिति में किसी भी निर्देशक को नाट्यालेख के अनुरूप ही नाट्यशैली को सृजित करना होगा, गढ़ना होगा।

नाटक गद्य पद्य में लिखा हुआ है, पद्य कहीं तुकांत हैं, कहीं नहीं भी हैं, पर ऐसे स्थल कम हैं। मन में सवाल उठा कि सारे नाटक को गद्य में ही क्यों न बदल दिया जाए। फिर लगा कि नहीं यह मूल-आलेख का अनुवाद है तो मूल-आलेख में भी कविता होगी और अब कविता को गद्य में ढाल देना सुविधा का रास्ता है और इससे नाटक के मूलस्वरूप से बहुत दूर होना होगा। इसी के साथ जुड़ा सवाल यह

भी था कि क्या हिंदी अनुवाद तुकांत किया जाए या मुक्त छंद में। छंद का अनुशासन कविता के भाव को कई बार कम करता है खंडित करता है क्योंकि तब छंदानुसार निर्वाह करना बहुत ज़रूरी बन जाता है कविता में लय रहे तो भाव और अन्दाज़े-बयाँ भी बना रहता है, इसलिए मैंने काव्य का अनुवाद करते हुए कहीं तुक तो कहीं भाव लय का ही सहारा लिया, मकसद तो बात को वस्तु को, या तनाव को या नाट्य-गति को संप्रेषित करने का है। उदाहरणार्थ, अंग्रेजी में–नाटक की शुरुआत में युवक कहता है–

All though the trivial may born ye—I truly must implore your pardon.

(इसका अनुवाद मैंने किया)–

युवक–हो सकता है वह छोटी-सी बात, करे आपको बोर।
क्षमा माँग लेता हूँ पहले नहीं कीजिए शोर॥

भारतीय रंग-परंपरा के अनुसार नाटक, नाटककार या नाटक की वस्तु के बारे में सूचना सूत्रधार या नट-नटी के माध्यम से मिलती है। अंग्रेज़ी में 'नैरेटर' की परिकल्पना है लेकिन 'नैरेटर' सूत्रधार की कल्पना के कहीं आसपास भी नहीं बैठता। युवक को सूत्रधार के रूप में बदला जा सकता था, पर वह रूपांतर होता, भावानुवाद में इस तरह की ज़रूरत नहीं होती। यहाँ 'बोर' शब्द का इस्तेमाल बोर के रूप में किया गया, क्योंकि यह आम बोलचाल में हमारे यहाँ स्वीकृत शब्द है, 'नहीं कीजिए शोर' अंग्रेज़ी की दो पंक्तियों में कहीं नहीं है। इससे नाट्य-प्रस्तुति की शुरुआत को बल मिलता है, यहाँ काव्य की अर्द्धपंक्ति कहीं भी नाट्य-वस्तु, नाट्य-गति या नाट्यप्रस्तुति को तोड़ती नहीं है। कहने का अर्थ यही कि भावानुवाद करते हुए कुछ छोड़ने और कुछ जोड़ने की छूट भी पुनः सृजन करने वाले सर्जक को लेनी होती है, पर यह छूट कोई ऐसा लाइसेंस भी नहीं माना जाना चाहिए, जिससे अनूदित रूप में रचना मूल के बिल्कुल विपरीत हो जाए या उससे बहुत दूर चली जाए।

'ह्वैन दि रोज़ेज आर डांसिंग' की पहली समस्या इसे हिंदी में एक उपयुक्त शीर्षक देने की थी, 'जब गुलाब ना रहे हों', 'नाच रहे हों जब गुलाब' या 'नाच तीन गुलाबों का' आदि कई शीर्षक मन में आए–पर कोई भी नाटक की वस्तु के अनुरूप नहीं लग रहा था, नाटक की वस्तु है प्रेम, प्रेम के प्रति किशोरावस्था, युवावस्था और वृद्धावस्था में बदलता हुआ दृष्टिकोण, प्रेम के साथ जुड़े हुए नैतिक मूल्य, बदलते हुए समाज के साथ प्रेम के साथ जुड़े नैतिक मूल्यों के न बदलने का संकट और उससे पैदा हुआ पीढ़ियों का तनाव जो अंततः प्रगतिशील, मानववादी दृष्टि को स्वीकार करती है, इस तरह से नाटक में प्रेम के बहाने एक समाजवादी देश में नैतिक, सामाजिक मूल्यों के प्रति अलग-अलग तीन पीढ़ियों के दृष्टिकोण, उनके आपसी संघात और उससे पैदा तनाव को बहुत बारीकी से स्थितियों और घटनाओं के माध्यम से रेखांकित

किया गया है, ऐसी ही समस्या हमारे यहाँ भी है, किसी भी समाज में ऐसी समस्या हो सकती है। यह नाटक किसी भी देश का, किसी भी समाज का थोड़े से परिवर्तनों के साथ बिल्कुल अपना हो सकता है, यह किसी भी रचना की बड़ी ताकत होती है, तो अपनी इसी ताकत की पहचान करवाने के लिए वालेरी पित्रोव ने 'गुलाब' को प्रतीक रूप में इस्तेमाल किया है। प्रतीकात्मक और नाट्य-वस्तु की रक्षा करते हुए इसे मैंने नाम दिया—'क़िस्सा तीन गुलाबों का'। इसमें 'क़िस्सा' एक ऐसा शब्द है जो सीधे-सीधे हमें नाट्य के कथा-पक्ष से जोड़ता है और हिंदी-प्रदेश में यह शब्द अपनी अहमियत रखता है, अंग्रेज़ी में यह शब्द समझ नहीं आएगा। तो एक आधुनिक किस्से के बहाने ही तो नाटक की वस्तु हम तक संप्रेषित होती है, इसीलिए मुझे यही नाम उपयुक्त लगा। भावानुवाद या पुनःसर्जन की प्रक्रिया में रचना क्या स्वरूप लेती है, एक उदाहरण के ज़रिए इसे समझा जा सकता है, नाटक के तीसरे अंक की शुरुआत में कुछ पंक्तियाँ हैं—

Ah, when the roses are dancing
The old are even, young and hole,
And they ... as phalt street are fancying
To be fragrant blooming vale

यह प्रसंग काफ़ी लंबा है और इसे एक गीत में बदलकर रखा गया है, कहीं कुछ छोड़ा नहीं गया, बस स्वरूप बदला है। ऊपर की पंक्तियों का काव्यानुवाद यूँ हुआ है—

वाह! नाच रहे हों जब गुलाब,
बूढ़ों को भी जगे जवानी
देखो तो चेहरे की ताब;
सजा रहे हैं वे सड़कों को,
खुशबू भरी विदा कहने को,
कहीं चहक है मुस्कानों की,
कहीं अश्क़ फैले सहने को;
हर अवसर हैरानी का क्यों है?
"मत पूछिए जनाब—
नाच रहे हों जब गुलाब।"

यहाँ बाद की दो पंक्तियों का भाव भी शामिल है और ऊपर की चार पंक्तियों का भी, अब इनका शब्दानुवाद किया जाए तो न तो उसमें रंग आएगा और न ही नाट्यगति।

बात नाटक के नाम की हो या अनुवाद की समस्या की, हमारे बीच कोई भी ऐसा व्यक्ति उस समय नहीं था जो बल्गारिय और हिंदी को समान रूप से जानता

हो और जिसने नाटक को मूल रूप में पढ़ा हो। बल्गारिया के ही मित्रों से नाटक का मूल नाम पूछा तो उन्होंने बताया, 'कोगातो रोजिते तान्सूवत'। यहाँ यह कहना मुश्किल है कि वे मूल नाम बता रहे थे या 'ह्वेन दि रोज़ेज आर डांसिंग' का बल्गारियन भाषा में अनुवाद कर रहे थे। बहरहाल नाटक की पूरी वस्तु को ध्यान में रखते हुए ही उसे 'किस्सा तीन गुलाबों का' नाम दिया गया।

अनुवाद की इस प्रक्रिया में यह भी अहसास हुआ कि हम विदेशी साहित्य का अनुवाद करते हुए सिर्फ़ शब्दों को नहीं बदलते, बल्कि उस संस्कृति को अपनी भाषा में ढाल रहे होते हैं, जो उस रचना के रेशे-रेशे में समाई हुई होती है। 'पीटर शेफ़र' के नाटकों की संस्कृति और वालेरी पित्रोव के इस नाटक की संस्कृति में मूल तत्व 'प्रेम' होते हुए भी सांस्कृतिक-सामाजिक स्तर पर उसकी अभिव्यक्ति में अंतर आ जाता है, अपने इसी अंतर के कारण ही जहाँ पीटर शेफ़र की 'ब्लैक कामेडी' विदेशी लगती है, वहीं 'कोगातो रोजिते तान्सूवत' बिल्कुल अपना लगता है।

हर भाषा अपने मंच के अनुरूप एक शैली तलाशती है, पर नाटकाकर उस शैली को नए-नए आयाम देता है और जब एक भाषा का नाटक दूसरी भाषा में जाता है तो मंच के मुहावरे के अनुरूप उसमें कुछ परिवर्तन ज़रूरी हो जाते हैं। ऐसे परिवर्तन इनमें भी किए गए हैं जो हिंदी रंगमंच के प्रेक्षक को ग्राह्य हों, स्वीकार्य हों। मैंने बोलचाल की भाषा के करीब रहने की कोशिश की है और कहीं शब्दों के नितांत अभाव में तत्सम शब्द आए हैं और कहीं-कहीं तो सारा रूप ही बदला हुआ लग सकता है, लेकिन संवादों की अंतर्धारा को मैंने कहीं नहीं बदला। नाट्य का 'अंडर करेंट' अपनी जगह मौजूद है। इस तरह के अनेक उदाहरण लिए जा सकते हैं। वस्तुतः नाटक की असली परीक्षा तो रंगमंच पर ही होती है चाहे नाटक मंच के अनुरूप लिखा जाए या नाटक के अनुरूप मंच बने और कोई नई नाट्यशैली विकसित हो। ऐसी नाट्यशैली की माँग यह नाटक भी करता है और यही बात इस नाटक का अनुवाद करते हुए भी मेरे साथ घटित हुई।

कहानी का रंगमंच : बनती हुई नई परंपरा

न केवल भारतीय रंगमंच बल्कि विश्व रंगमंच में 'कहानी का रंगमंच' की शुरुआत और उसका विकास हिंदी रंगमंच के परिदृश्य में होना एक अर्थपूर्ण घटना है। 1975 में इसकी शुरुआत देवेंद्रराज अंकुर ने निर्मल वर्मा की तीन कहानियों का मंचन करके की। कुछ लोगों ने इसे कथा-वाचन या कथा-गायन आदि से जोड़ने की कोशिश की, लेकिन ऐसी सोच ठीक नहीं है, क्योंकि आज हम देखते हैं कि कहानी के रंगमंच ने अपना एक अलग रंग-व्याकरण अर्जित कर लिया है। पश्चिमी या भारतीय नाट्य-चिंतन या नाट्य सिद्धांतों में भी 'कहानी का रंगमंच' की न तो कोई अवधारणा है और न ही इस दिशा में कोई विवेचन मिलता है। इसलिए भी 'कहानी का रंगमंच' की शुरुआत और इसे विकसित करने का श्रेय हिंदी को ही जाता है। लगभग तीस वर्षों की इस यात्रा में 'कहानी का रंगमंच' को लेकर जो समझ विकसित हुई है उसका लेखा-जोखा लेने का यह उपयुक्त अवसर लगता है।

हिंदी के आम पाठक के पास नाटकों की जानकारी भले ही हो, नाट्य सिद्धांतों एवं नाट्य-व्यवहारों की जानकारी अभी भी कम है। ऐसे में कहानी के रंगमंच के बारे में जानकारी का अभाव होना कोई ताज्जुब की बात नहीं है। इसी परिप्रेक्ष्य में 'कहानी का रंगमंच' पर बात शुरू की जा सकती है।

1997 में महेश आनंद द्वारा संपादित किताब 'कहानी का रंगमंच' में कहानी के रंगमंच पर टिप्पणी करते हुए निर्मल वर्मा ने लिखा है, "कहानियों को अरसा पहले मैंने अपने अकेले कमरे में लिखा था, उन्हें खुले मंच पर दर्शकों के बीच देखना कुछ वैसा ही था, जैसे टेपरिकार्डर पर अपनी बात सुनना।" इस टिप्पणी को पढ़कर तभी मुझे ऐसा लगा था कि संभवतः निर्मल वर्मा ने कहानी के रंगमंच के व्याकरण को समझा नहीं है। अपनी समझ पर बार-बार शक करने के बावजूद अभी भी मुझे लगता है कि निर्मल वर्मा की सोच इस संदर्भ में अधूरी है। जैसा कि पहले भी कहा है कि 'कहानी का रंगमंच' की शुरुआत निर्मल वर्मा की ही तीन कहानियों से हुई,

जिसे अंकुर ने 'तीन एकांत' नाम दिया। इसी से 'कहानी का रंगमंच' अस्तित्व में आया। यहाँ यह उल्लेख करना भी ज़रूरी लगता है कि इसे कई लोगों ने 'कथा रंग', 'कथा मंच', 'रंग-कथा', 'कथा-वाचन' और 'कथा-पाठन', आदि नाम दिए, लेकिन 'कहानी का रंगमंच' नाम ही चला और प्रतिष्ठित हो गया। यही नाम सार्थक भी लगता है।

निर्मल वर्मा की उपर्युक्त टिप्पणी के बहाने यह प्रश्न उठाया जा सकता है कि उन्होंने या फिर उन तमाम लेखकों ने जिनकी कहानियों का मंचन देवेंद्र और बाद में कारंत, सत्यदेव दुबे या दिनेश खन्ना आदि ने किया है, कहानी के रंगमंच को कितना समझा है।

जब यह कहा जाता है कि कहानी का मंचन होते हुए देखना टेपरिकार्डर पर अपनी बात सुनना है तो अभिनेता की सत्ता एवं उसकी सक्रिय उपस्थिति को हटा दिया जाता है। अभिनेता न तो टेपरिकार्डर है और ना ही भोंपू। टेपरिकार्डर आवाज़ भले ही सुनाता हो, लेकिन वह दृश्य नहीं रचता, बिंब नहीं बुनता और नाही कथा के पाठ की कोई व्याख्या (Interpretation) प्रस्तुत करता है। इस टिप्पणी में न केवल अभिनेता, बल्कि निर्देशक की भूमिका को भी नज़रअंदाज़ कर दिया गया है।

शब्द के माध्यम से आवेग, आवेश, विचार, विश्लेषण और टकराहटों की दुनिया को खड़ा करना जितना चुनौतीपूर्ण सृजनात्मक कर्म है, उन्हीं शब्दों को चाक्षुष बिंबों में बदलते हुए एक पूर्ण दृश्य में बदलना भी कोई कम चुनौतीपूर्ण सृजन-कर्म नहीं है। यूँ यह बात संपूर्ण रंगकर्म पर लागू होती है, लेकिन कहानी के मंचन में यह चुनौती और भी गहरा जाती है। कहानी का मंचन करते हुए कहानी के विवरण दृश्य के बजाय सूच्य बन जाते हैं। लेकिन उनका सूच्य बनना भी एक कला-माध्यम से गुज़र कर आना है। अभिनेता द्वारा कहानी के विवरण को तटस्थता, उदासीनता, तल्लीनता या किसी अभिनय भंगिमा के साथ प्रस्तुत करना उस विवरण को अलग-अलग अर्थ दे सकता है। भले ही निर्देशक का यह दावा हो कि वह कहानी को जस का तस पेश कर रहा है। पर वह दावा मात्र कहानी के मुख्य पाठ तक ही सीमित रहता है। मंच पर आते ही उस पाठ के उपपाठ या अंतर्पाठ सामने आने लगते हैं, जो निश्चित रूप से लेखक की 'टेपरिकार्डेड' आवाज़ से जुदा होते हैं। अगर ऐसा न हो तो दर्शक कहानी देखेगा क्यों? इससे वह कहानी पढ़ना अधिक बेहतर समझेगा। वस्तुतः कहानी का रंगमंच यहीं पर वाचन, गायन एवं पढ़ने की परंपराओं से अलग हो जाता है। 'कहानी का रंगमंच' में कहानी सुनाना भी है और दिखाना भी। यह अनुभव कथा पढ़ने या फिर कहानी सुनने के अनुभव से अलग है। कहानी सुनाने के साथ ही कहानी दिखाने की प्रक्रिया में ही वे तत्त्व जुड़ते हैं, जो रंगमंच पर कहानी का संसार खड़ा करते हैं। यह संसार खड़ा करने में सबसे अहम् भूमिका अभिनेता की ही होती है। वस्तुतः किसी भी अभिनेता के लिए कहानी को मंचित

करना एक चुनौती पूर्ण रंग-कर्म है। कथाकार कहानी लिखते हुए रंग-तत्त्वों को ध्यान में रखकर कहानी नहीं लिखता, जबकि नाटककार को नाटक लिखते हुए रंग-तत्त्वों का ध्यान रखना होता है। नाटक लिखने के लिए रंग-भाषा की समझ नाटक को मंचन के लिए अधिक ग्राह्य बना देती है, लेकिन कहानीकार के साथ ऐसी कोई शर्त जुड़ी हुई नहीं है। कहानी या उपन्यास में नाटकीयता आती है तो वह कथा की बुनावट में ही निहित है नाकि उसे नाटक बनाया जाता है। यह बात ज़रूर है कि कहानी में निहित नाटकीयता उसे मंच पर खेलने लायक बना देती है। यह प्रश्न भी उठता है कि क्या ऐसी कहानियों का मंचन भी संभव है। जिनमें नाटकीयता न हो या कहानी इतनी अमूर्त हो कि जिनमें अभिनय या दूसरे रंग-तत्त्वों को इस्तेमाल करने की गुंजाइश कम हो। नाटकीयता, जिज्ञासा, गहनता, विश्लेषणात्मकता और अर्थपूर्ण 'वस्तु' के अभाव में उस कहानी का चयन संभवतः निर्देशक या अभिनेता न करे या कहानी इतनी अमूर्त हो कि उसे रंग-भाषा में न ढाला जा सके—संभव है ऐसी अनेक कहानियाँ अपने मंच की तलाश न कर सकें।

'कहानी का रंगमंच' को लेकर कुछ और सवाल भी उठाए जा सकते हैं। अपने एक आलेख 'कहानी का रंगमंच अभिनेता की भूमिका' में अंकुर ने कहा है कि कहानी का मंचन करते हुए अभिनेता को 'चरित्र बनने की ज़रूरत नहीं, मात्र उसे दिखाने यानी डिमांस्ट्रेट करने की ज़रूरत है'। फिर आगे यह भी कहा है कि 'कहानी के मंचन में आलेख का पाठ नहीं किया जाता है, वरन् अभिनेता के माध्यम से उसका अभिनटन होता है?' ऐसी ही बात उन्होंने अपने एक साक्षात्कार में भी कही है कि एक्टिंग कहानी के रंगमंच का अपरिहार्य अंग है। यह बात सही भी है। जब यह सही है तो फिर डिमांस्ट्रेट करने का अर्थ क्या है? कहानी को जब दिखाना है तो अभिनेता ज़रूरी है। अभिनेता ज़रूरी है तो अभिनय के बिना अभिनेता की कल्पना करना ही संभव नहीं, तब 'डिमांस्ट्रेट' जैसे शब्द का इस्तेमाल करके व्यर्थ का संभ्रम क्यों खड़ा किया गया है? अभिनय का प्रशिक्षण देने के लिए 'डिमांस्ट्रेशन' एक ज़रूरी प्रक्रिया हो सकती है। यह 'डिमांस्ट्रेशन' अल्पकालिक ही होता है, जबकि अभिनय करते हुए अभिनेता को चरित्र के अंदर प्रवेश करना होता है। मिसाल के तौर पर 'खानाबदोश' में जिस तरह से वागीश और हेमा ने अपने-अपने चरित्रों को प्रस्तुत किया, वह कोई डिमांस्ट्रेशन नहीं, चरित्र को पूरी तरह से जीना था। 'डिमांस्ट्रेशन' और 'पर-काया-प्रवेश' में बुनियादी फर्क को समझना ज़रूरी है।

कहानी के मंचन में अभिनेता की भूमिका इसलिए और भी चुनौतीपूर्ण हो जाती है कि उसे क्षण भर के अंतराल में ही कभी सूचक, कभी व्याख्याकार और कभी टिप्पणीकार की भूमिका में उतरना पड़ता है। ऐसे में संभव है कि दर्शक का मुख्य चरित्र से तादाम्य न हो पाए। यह कमी अभिनेता की हो सकती है, रंग-माध्यम की नहीं। इसीलिए कहानी के मंचन में अभिनेता को अपना अभिनय कौशल दिखलाने

का भरपूर अवसर मिलता है। कहा जा सकता है कि कहानी का रंगमंच पूरी तरह से अभिनेता पर केंद्रित है। यहाँ तक कि मंच की स्पेस को भी उसे अपने अभिनय से ही भरना होता है। संगीत, चित्रकला, वेशभूषा आदि तथा दूसरे रंगमंचीय उपादान यहाँ गौण हो जाते हैं। यह न तो 'फिज़िकल थियेटर' है और न ही 'मनोफिज़िकल थियेटर'। कहानी का रंगमंच हर कहानी के साथ अपना नया मुहावरा तलाश करता है। इसके पास पहले से तय या बँधी हुई कोई रंग-भाषा नहीं है। फिर भी यह देखना होगा कि अपनी शुरुआत से लेकर आज तक 'कहानी का रंगमंच' में कोई तब्दीली आई है या नहीं।

1975 में अंकुर ने जब इसे शुरू किया तो यही नाम इसके साथ जुड़ गया। बाद में कारंत ने अपनी तरह से प्रयोग करके कहानी के साथ छेड़-छाड़ किए बिना दृश्यों को विस्तार देने और उनमें अलग रंग भरने की कोशिश की। प्रकाश एवं संगीत को शुरू से ही स्वीकार कर लिया गया था। इधर देखने में यह आया है कि संगीत का इस्तेमाल पहले से बढ़ा है और दूसरी रंग-युक्तियों का इस्तेमाल भी होने लगा है। प्रतीकात्मक होते हुए भी सैट व्यवस्था भारी होने लगी है। कास्ट्यूम पर भी अपेक्षाकृत अधिक ध्यान दिया जाने लगा है। वजह यह कि धीरे-धीरे कहानी का मंचन कई नए एवं प्रतिष्ठित निर्देशक करने लगे हैं। मिसाल के तौर पर साहित्य कला परिषद द्वारा आयोजित कथा उत्सव 2001, 2002 और 2003 में हुई प्रस्तुतियाँ। अमृता प्रीतम, आचार्य चतुरसेन, जोगिंदरपाल, अमरकांत, हरिशंकर परसाई आदि की कहानियों का मंचन। इनकी खास बात यह थी कि इनमें पाँच अलग-अलग युवा निर्देशकों ने अपने-अपने तरीके से कहानियों का मंचन किया। स्पष्ट है कि अगली पीढ़ी ने 'कहानी का रंगमंच' की अवधारणा को स्वीकार कर लिया है। और इसकी एक परंपरा बनने लगी है। इन प्रस्तुतियों में यह भी देखने को मिला कि इन निर्देशकों ने अपनी प्रस्तुतियों में रंगमंच के उन सभी उपादानों का प्रयोग किया, जिनका उपयोग किसी नाटक की प्रस्तुति में किया जाता है। इस नज़रिए से अंकुर द्वारा शुरू किए गए कहानी के मंचनों और दूसरों द्वारा किए जा रहे मंचनों में फर्क साफ झलकने लगा है। इसे निर्देशक या अभिनेता की कमी भी माना जा सकता है और कहानी के रंगमंच का विकास भी।

लगता यह है कि कहानी के मंचन को लेकर शुरू का शुद्धतावादी दृष्टिकोण बदल रहा है। संभव है आगे चलकर कहानी के नाट्यरूपांतर और कहानी के मंचन के बीच का कोई नया रूप विकसित हो। उस रूप में नाटक की मूल शर्तों का पालन भले ही न हो, पर वह नाटक के रूप के अधिक करीब आने लगे। यह भी संभव है कि कहानी का मात्र नैरेशन ही एक्शन बन जाए।

यह सवाल भी उठाना जरूरी है कि 'कहानी का रंगमंच' की कलागत या सामाजिक उपयोगिता क्या है? क्या यह मात्र एक प्रयोग या आग्रह तो नहीं।

कलाओं में प्रयोग, कलाओं में आपसी तालमेल और कलाओं का एक-दूसरे में प्रवेश कोई नई बात नहीं है। कहानी के मंचन में भी प्रयोग का दबाव तो रहा ही है, साथ ही कहानी को सुनाने के साथ-साथ दिखाना भी अपने आप में एक आविष्कार है। अभी तक जिन्होंने भी कहानियों को मंचित किया है, उन्होंने कलागत मानों को छोड़ नहीं दिया, बल्कि उन्होंने नए मानों को रचा है। कला के स्तर पर किसी विधा, माध्यम या तरीके का आविष्कार होना ही अपने आप में कलागत उपलब्धि है। कहानी में पहले से की गई शब्द की प्रतिष्ठा को रंगमंच पर भी स्वीकार एवं स्थापित करना कला की दृष्टि से उपयोगी है और साहित्य की दृष्टि से भी। सामाजिक उपयोगिता का प्रश्न मात्र 'कहानी का रंगमंच' के संदर्भ में उठाना सही नहीं लगता। यह प्रश्न तो सभी कला-माध्यमों के साथ जुड़ा हुआ है और प्रत्येक कला-माध्यम को इस प्रश्न के साथ अपने तरीके से जूझना होता है। यह सर्व-स्वीकृत बात है कि कला का एक काम व्यक्ति को संस्कारित करना है। रंगकर्म भी जहाँ अभिनेता को संस्कारित करता है, वहीं प्रेक्षक को भी। कहानी का मंचन नुक्कड़ नाटकों या प्रतिबद्ध नाट्यालेखन की तरह से नहीं है। यहाँ तो विपुल कथा-साहित्य देशी एवं विदेशी भाषाओं में पहले से ही मौजूद है और किसी भी कहानीकार ने यह सोचकर कहानी न लिखी होगी कि इसका मंचन होगा—नाट्य-रूपांतर फिल्मीकरण या धारावाहिकीकरण की प्रक्रियाएँ अलग हैं। कहानी आज भी पढ़ने या ज़्यादा से ज़्यादा सुनाने के लिए लिखी जाती है। दिखाने के लिए नहीं। कहानी को दिखाने की खब्त रंग-निर्देशक एवं अभिनेता के सिर पर सवार रहती है। कहानी को मंच पर दिखाने का मतलब है उसे नए अर्थ देना। कहानी का मंचन उसे नया दर्शक देता है। साहित्य की इस विपुल संपदा के लिए मंच के फाटक खुल जाना कोई मामूली बात नहीं है। कहानी का दिखाना और सुनाना अक्सर दिलचस्प होता है और कई बार ऐसा हुआ है कि अच्छी लेकिन अचर्चित कहानियाँ खेली जाने के बाद चर्चा में आ जाती हैं और उनके नए-नए अर्थ खुलने लगते हैं। कहानी या उपन्यास रंग-कला के साथ जुड़कर जब दर्शक वर्ग के मन का हिस्सा बनते हैं तो दर्शक के मन में कुछ हिलता-डुलता है। यह कोई कम उपयोगी बात नहीं है।

आज हम पाते हैं कि 'कहानी का रंगमंच' एक परंपरा की शक्ल अख्तियार कर रहा है। इस माध्यम से कथा-साहित्य का वह हिस्सा भी सामने आना चाहिए जिसे सोद्देश्य या प्रतिबद्ध लेखन माना जाता है।

लंबी कविता की पहचान

यों लंबी कविता का लगभग 75 वर्षों का इतिहास हमारे सामने है, लेकिन लंबी कविता चर्चा के केंद्र में सातवें दशक में ही आई और आठवें दशक में उसके रचना विधान को लेकर चर्चाएँ हुईं। बाद में कवियों द्वारा उसे एक ज़रूरी काव्य माध्यम के रूप में महसूस किया जाने लगा।

लंबी कविता की चर्चा करते हुए अपने अनुभव को साथ जोड़ कर देखने से संभवतः लंबी कविता की पहचान को प्रामाणिकता के साथ रेखांकित किया जा सकता है, यूँ कविता लिखना मैंने सन् 1961 के आसपास ही शुरू कर दिया था या कहना चाहिए कि छंद रचना होने लगी थी, लेकिन पहली लंबी कविता लिखने का दबाव 1969 में ही बना। कुछ कवि-मित्रों ने मिलकर लंबी कविताओं का एक संग्रह प्रकाशित करने की योजना बनाई थी। तब सचमुच हमें लंबी कविता के कारक मालूम थे या नहीं, निश्चित तौर पर कहना संभव नहीं, लेकिन एक दबाव हम सभी महसूस कर रहे थे कि अपनी बात को कहने के लिए और उसके विभिन्न आयामों को समझने-पकड़ने के लिए लंबी कविता ही उपयुक्त माध्यम हो सकती है। सुरेश धींगड़ा, रमेश शर्मा (अब दिविक रमेश), कृष्ण कुरड़िया तथा विजय गुप्ता मेरे साथ थे। लंबी कविताओं का संग्रह प्रकाशित करने की योजना तो बनी, लेकिन लंबी कविताएँ प्राप्त नहीं हुईं। ज़ाहिर है कि दबाव के बावजूद लंबी कविता की सर्जना की मानसिकता इन सभी कवियों की तब तक नहीं बनी थी। बाद में विजय गुप्ता और कृष्ण कुरड़िया ने लिखना ही बंद कर दिया और योजना लटकती रही।

कालांतर में इसी योजना में मेरे और सुरेश धींगड़ा के साथ जगदीश चतुर्वेदी, गंगा प्रसाद विमल और नरेंद्र मोहन जुड़ गए और इन पाँच कवियों की पाँच लंबी कविताओं का संग्रह सन् 1981 में 'एक दूसरे से अलग' नाम से छपकर आया। सन् 1986 में यही पाँच कवि अपनी नई पाँच लंबी कविताओं के साथ 'अलग-अलग होने के बावजूद' संग्रह में उपस्थित हुए। इससे पूर्व 'कहीं भी खत्म कविता नहीं

होती' (संपादक नरेंद्र मोहन) हमारे सामने आ चुका था और लंबी कविता के रचना विधान पर चर्चा शुरू हो चुकी थी।

लंबी कविता के सर्जना के साथ मेरा रिश्ता सन् 1969 में ही 'कटी हुई यात्राओं के पंख' नाम से लिखी गई लंबी कविता से जुड़ा। यह कविता रजनीगंधा के सन् 70 के अंक में प्रकाशित हुई। बाद में यही कविता अपने बदले हुए रूप में 'मोतीलाल' नाम से 'एक-दूसरे से अलग' नामक संग्रह में संकलित है। कहने का अर्थ यह है कि पिछले लगभग तीस सालों से लंबी कविता मेरी काव्य-मानसिकता में ऊहापोह करती रही है और इसी सर्जना के पीछे तरह-तरह के दबाव महसूस होते रहे हैं।

इस छोटी-सी पृष्ठभूमि के बाद एक बड़े फलक पर फैली विविध रूपों एवं धर्मों वाली लंबी कविताओं पर बात की जा सकती है। इस बीच 'बीसवीं शताब्दी की लंबी कविता' (संपादक नरेंद्र मोहन), 'आखिरी दशक की लंबी कविताएँ' खंड एक एवं खंड दो (संपादक नागेश्वर लाल, रमणिका गुप्ता), 'कहीं भी खत्म कविता नहीं होती', 'विचार और लहू के बीच' (संपादक नरेंद्र मोहन), 'कितना अँधेरा है' (संपादक मोहन सपरा), 'एक दूसरे से अलग' तथा 'अलग-अलग होने के बावजूद' (संपादक प्रताप सहगल), रमेश गौड़ की पतनगाथा, तथा अनेक दूसरे कवियों के संग्रहों एवं पत्रिकाओं में लंबी कविताएँ प्रकाशित हुई हैं। यानी कुल मिलाकर लंबी कविता की सर्जना का परिदृश्य बहुत उत्तेजक है और हमें लंबी कविता की सही पहचान करने के लिए प्रेरित करता है।

एडलर ऐलन पो की टिप्पणी से ही शुरू करें तो कहना होगा कि प्रदीर्घ सर्जनात्मक तनाव को लेकर उसकी नकारात्मक धारणा आज हिंदी काव्य-लेखन के संदर्भ में बिल्कुल ग़लत साबित हो चुकी है। वैसे भी हम सबके अनुभव का दायरा अपनी-अपनी सीमाओं में ही होता है और अपने सीमित अनुभव के आधार पर दूसरों के अनुभव अथवा संवेदन-जगत को खारिज कर देना युक्तिसंगत नहीं लगता। वैसे तो पो की धारणा का खंडन बाद में इलियट ने कर ही दिया था, पर हम अपने अनुभव से यह कह सकते हैं कि अन्य धर्मों की तरह से प्रदीर्घ सर्जनात्मक तनाव भी मन का धर्म है। मन के चांचल्य के कारण इसमें थोड़ी-बहुत टूट-फूट होती रहती है, वह बार-बार टूटता है तो, बार-बार तनता भी है, बिखरता है तो फैलता भी है और यह बहुआयामी फैलाव अंततः लंबी कविता की शक्ल अख्तियार करता है। संभव है ऐसा न हो, पर ऐसा न ही हो, ऐसी स्थिति स्वीकार्य नहीं हो सकती। वैसे भी क्रोचे के अभिव्यंजनावाद के मुताबिक कला की सृष्टि मन में ही होती है, बाहर जो आता है, वह अधूरा ही होता है, उस अधूरेपन की क्षतिपूर्ति ही कलाकार अपने क्राफ्ट से करता है। इसलिए प्रदीर्घ सर्जनात्मक तनाव के शब्दों में ढलने तक हुई टूट-फूट या बिखराव से बहुत घबराने की ज़रूरत भी नहीं है।

अब प्रश्न यह है कि लंबी कविता की पहचान कैसे हो? क्या कविता की

मात्र जैविक लंबाई ही उसे लंबी कविता का गौरव प्रदान कर सकती है? इस प्रश्न का उत्तर नहीं है। तब? तब जो भी लंबी कविताएँ हमारे सामने हैं, उनके भरोसे ही हम लंबी कविता की पहचान कर सकते हैं। फिर प्रश्न है कि क्या जैविक लंबाई ग़ैरज़रूरी है? जवाब में कहा जा सकता है नहीं। मात्र जैविक लंबाई किसी भी कविता को लंबी कविता नहीं बनाती। लंबी कविता या तो एक ही मनोदशा को लेकर विभिन्न सीमाओं में फैलती है या गहरे उतरकर अपनी वस्तु का विस्तार करती है या फिर ब्यौरों को मूल वस्तु से जोड़ते हुए अंदर से बाहर की ओर गमन करती है। इधर जो लंबी कविताएँ आई हैं, उनमें से अधिकांश कविताएँ आत्मकथात्मक हैं। ऐसा होते हुए भी कई कवियों ने तीसरे पुरुष का सहारा लिया, तो कइयों ने आख्यान या मिथक को लेकर 'अपनी वस्तु' को रचा है। पहले कुछ आत्मकथात्मक कविताओं को लें। इस तरह की लंबी कविताएँ कवियों की आत्मकथा का अंश ही लगती हैं। उन्हीं को गद्य में ढाल दिया तो ब्यौरे विस्तार से आएँगे। कुछ स्थितियाँ आएँगी, कुछ घटनाएँ, स्थान, व्यक्ति आदि, लेकिन लंबी कविता में यह सब पार्श्व में चला जाता है, गद्यात्मक ठोसपन की जगह एक एम्बीगुटी ले लेती है। यही कविता का गुण भी है। पतनगाथा में रमेश गौड़ जब लिखते हैं—'आप इसे चाहें जो कहिए/नासमझी/कायरता/कम अक्ली/लेकिन मैं पहले ही स्वीकार कर लेता हूँ/कि तपती रेत में पाँव जलने/या बर्फ में उँगलियाँ गलने पर/मेरा सीना कभी नहीं तना है' या जगदीश चतुर्वेदी की यह पंक्तियाँ 'यह युद्ध लड़ते-लड़ते थक गया हूँ/और देना चाहता हूँ आखिरी वक्तव्य' तो वे अपनी आत्मकथा या उसके ही किसी अंश को कविता में ढालने की तैयारी कर रहे होते हैं। ज्यों-ज्यों कविता आगे बढ़ती है, वह आत्म के दायरे का विस्तार करती जाती है। यह विस्तार नितांत आत्मगत भी हो सकता है और वस्तुगत भी, लेकिन दोनों ही स्थितियों में कविता को कविता के स्तर पर ही ताने रखना लंबी कविता की पहचान है। इस तरह की लंबी कविताओं में हम भारत भूषण अग्रवाल की 'चीर-फाड़' और मणि मधुकर की 'घास का घराना' को रख सकते हैं। आप देखेंगे कि इन तथा इस स्वभाव की कविताओं में कवि स्वयं कहीं तो 'मैं' के रूप में तो कहीं 'वह' के रूप में उपस्थित रहता है। जैसे कि नरेंद्र मोहन की कविता 'एक अग्निकांड : जगहें बदलता'। यह कविता भी आत्मकथात्मक है, लेकिन धीरे-धीरे फैलती हुई वह अपने समय से मुठभेड़ करने लगती है। समय से मुठभेड़ करने वाली कविताओं में हम 'अँधेरे में' (मुक्तिबोध), 'इतिहास के जर्राहों से' (गिरिजा कुमार माथुर), 'आत्महत्या के विरुद्ध' (रघुवीर सहाय), 'पटकथा' (धूमिल), 'कुआनो नदी' (सर्वेश्वर), 'हरिजन गाथा' (नागार्जुन), 'फिर वही लोग' (रामदरश मिश्र) तथा 'बूचड़खाना' (प्रताप सहगल) को रख सकते हैं। इनमें भी मुठभेड़ के आधार आपको अलग-अलग मिलेंगे। वाम विचारधारा से प्रतिबद्ध, आबद्ध या वेष्टित, वाम विचारधारा से प्रेरित या फिर वाम विचारधारा का सर्जनात्मक उपयोग। जो भी हो,

इन कविताओं में राजनीति और राजनीतिक मूल्यहीनता का विशद काव्यात्मक फलक मौजूद है, इसलिए इन्हें लंबी कविता के रूप में ही पहचाना जा सकता है।

कुछ लंबी कविताएँ ऐसी आई हैं जो न तो आत्मकथात्मक स्वरूप में अँटती हैं और न ही अपने समय से सीधे-सीधे मुठभेड़ करती हैं, बल्कि वे 'मैं' से शुरू होकर परिवेश में फैलती हैं। विनय की 'यात्रा के बीच' में एक निश्चित परिवेश हमारे सामने उपस्थित होता है। शुरू में ही कवि कहता है—'नहीं-नहीं, तुम इस तरह से/एक जीवंत अध्याय को नहीं बदल सकती/इतिहास खंड में' इस तरह से कविता फैलाव लेती हुई परिवेश और मनुष्य के इतिहास की पड़ताल भी करने लगती है। जीवंत अध्याय से इतिहास खंड में बदल जाने का भय कहीं हमारी धमनियों में बहता है, इसलिए हम हमेशा अतिरिक्त रूप से सतर्क रहकर, जीवंत होकर ही स्थितियों के भोक्ता बने रहना चाहते हैं। प्रायः स्थिति-जन्य भय स्मृति-जन्य भय में बदल जाता है। ऐसे में हम स्मृति की ओर लौटने लगते हैं। देखा जाए तो बिना स्मृति के व्यक्ति है भी क्या? जीवन भी क्या है? स्मृति भी परंपरा है। बिना स्मृति के हम जीवन को मात्र जैविक स्तर पर ही जी सकते हैं। तमाम कलाएँ और साहित्य हमें जैविक स्तर से ऊपर ले जाते हैं। बार-बार स्मृति हमें कुछ कहने, कुछ रचने के लिए ठेलती है। इस 'रचना' के लिए लंबी कविता के एक समर्थ माध्यम के रूप में हमारे सामने उपस्थित हुई है।

स्मृति एवं स्मृति-जन्य संवेदना से अनुप्रेरित कविताओं के रूप में गंगा प्रसाद विमल की लंबी कविता 'स्मृति की खोज' तथा सुखबीर सिंह की लंबी कविता 'बयान बाहर' का ज़िक्र किया जा सकता है। विमल की कविता स्मृति से वर्तमान तक की अनुभव यात्रा है तो सुखबीर सिंह की कविता स्मृति दंश भोगने की। इधर अनेक कवि स्मृति के नाम पर कविता में 'हाय-हाय' करने लगते हैं या फिर पंत वाला 'अहा! ग्राम्य जीवन भी क्या है!' जैसी उक्तियाँ कहने लगे हैं, जो हमारे समय के लिए व्यर्थ लगती हैं। इसलिए स्मृति को विलाप में बदलने की तमीज़ करना भी ज़रूरी है। प्रयाग शुक्ल जैसे अनेक ऐसे कवि हैं, जो कविता में विलाप करते दिखाई देते हैं, जबकि विमल या सुखबीर सिंह उसे सर्जनात्मक लोक में बदल देते हैं।

कुछ लंबी कविताएँ दर्शन और जीवन में द्वंद्वात्मक रूप को लेकर उपस्थित हैं। विजयदेव नारायण साही की 'अलविदा' तथा गंगा प्रसाद विमल की ही 'ढोते हुए काल' जैसी कविताओं को इस दृष्टि से परखा जा सकता है। पंत की 'परिवर्तन' भी ऐसी ही कविता है, लेकिन उसे एक लंबी कविता माना जाए या नहीं, इस पर विचार होना शेष है। गिरिजा कुमार माथुर की 'इतिहास के जर्राहों से' मानव-इतिहास के साथ गहरी संपृक्ति की कविता है—'कि जानने का अर्थ समझना नहीं होता! सिर्फ शास्त्र पढ़ने से दृष्टि नहीं मिलती/कि उम्र बढ़ने से ही अक्ल नहीं बढ़ती' गिरिजा कुमार माथुर के संदर्भ में एक जगह बोलते हुए पवन कुमार माथुर ने कहा था कि

उन्हें दिक् काल की गहरी समझ थी और वे उसके जीवन की व्यर्थता का बोध होने के बावजूद जीवन की संपूर्णता को पूरी ललक के साथ लेते थे। संभवतः यह कविता उनकी इसी दृष्टि का बोध कराती है।

यानी कथ्य या वस्तु के स्तर पर इधर आई अनेक लंबी कविताओं पर अलग-अलग तरह से टिप्पणी की जा सकती है। लंबी कविता की पहचान का एक नज़रिया और भी हो सकता है। इसे कवि का रचना-विन्यास भी मान सकते हैं। मसलन कुछ लंबी कविताएँ अतीत से शुरू होकर वर्तमान से गुज़रती हैं, जैसे 'एक अदद सपने के लिए', कुछ वर्तमान से अतीत की ओर लौटती हैं जैसे 'अतीत से गुज़रते हुए' या 'स्मृति की खोह में', कुछ वर्तमान से मुठभेड़ करते हुए भविष्य की ओर देखती हैं जैसे 'राम की शक्ति पूजा', 'अँधेरे में', कुछ वर्तमान से मुठभेड़ करते हुए उस पर अपना सार्थक वक्तव्य देती लगती हैं, जैसे–'फिर वही लोग', 'कुआनो नदी', या 'पटकथा'। कुछ कविताओं में अतीत और वर्तमान गड्डमड्ड रूप में एक टिप्पणी करता उपस्थित होता है जैसे 'उप नगर में वापसी', 'यात्रा के बीच' या 'सहमी हुई शताब्दी'।

लंबी कविता के वस्तु विन्यास पर इन कुछ संकेतात्मक टिप्पणियों के बाद लंबी कविता के माडल पर बात की जा सकती है। वैसे तो हर कवि अपने ढंग से ही लंबी कविता रचता है, लेकिन इतनी लंबी यात्रा के बाद यह समय है कि हम लंबी कविता के लक्षण या प्रतिमान तय करें। यानी लंबी कविता का शास्त्र क्या हो? हालाँकि यह कोशिश कोई बहुत अच्छी कोशिश नहीं है, लेकिन लंबी कविता के नाम पर बनी हुई संभ्रम की स्थिति से निपटने के लिए कुछ-कुछ रेखाएँ खींचना तो ज़रूरी लगता ही है। लंबी कविता रचने का दबाव या फिर कवियों द्वारा यह महसूस करना कि आज एक मुकम्मिल कवि-व्यक्तित्व के लिए लंबी कविता एक अनिवार्यता बन चुकी है, ऐसी वजहें हो सकती हैं कि हम लंबी कविता के व्यक्तित्व की पहचान करें। अतः पहचान पूरी तार्किकता के साथ होनी चाहिए।

इसलिए लंबी कविता के कुछ मॉडलों पर बात करना चाहता हूँ, मिसाल के तौर पर 'राम की शक्ति पूजा', 'अँधेरे में', 'इतिहास के जर्राहों से', 'प्रमथ्यु गाथा', 'अलविदा', 'पटकथा', 'मुक्ति प्रसंग', 'लुकमान अली' और 'संवाद गाथा'। माडल संभवतः और भी हो सकते हैं, लेकिन यह कविताएँ अपने रचना-विधान के कारण विशिष्ट लगती हैं। अन्य लंबी कविताओं के रचना-विधान में एक सम्यकता खोजी जा सकती है और वे कुल मिलाकर माडल बनती लगती हैं। इन कविताओं के रचना-विधान की प्रकृति देखी जाए तो इनमें स्वप्न और यथार्थ, फैंटेसी और यथार्थ तथा यथार्थ और विचार का इस्तेमाल तो है ही, संरचनागत भिन्नता भी है।

'राम की शक्ति पूजा' की सामासिकता इसे क्लासिकी रचना के तौर पर भले ही प्रतिष्ठित करती हो, संभवतः आज के रचनात्मक परिवेश में वह माडल नहीं हो

सकती। प्रसंगवश यह भी कह दूँ कि यह कविता अपनी पूरी शक्ति के बावजूद प्रोफेटिक नहीं है, जैसा कि कुछ आलोचक इसे मानते हैं। 'होगी जय होगी जय हे पुरुषोत्तम नवीन' कहकर निराला भारतीय स्वतंत्रता की पूर्व-घोषणा कर रहे थे। यह व्याख्या हमारी हो सकती है, कवि का मंतव्य नहीं, जबकि 'अँधेरे में' आई स्थितियाँ सचमुच प्रोफेटिक लगती हैं। साथ ही फैंटेसी का टुकड़ों-टुकड़ों में जिस तरह से इस्तेमाल मुक्तिबोध ने किया है और पूरी कविता को वैचारिक प्रतिबद्धता से दबने भी नहीं दिया तो यह एक तरह का मॉडल हो सकती है। 'इतिहास के जर्राहों से' को गिरिजा कुमार माथुर ने जिस तरह से तर्क एवं त्वरा के सहारे खड़ा किया है, वह भी एक माडल हो सकती है। 'प्रमथ्यु गाथा' को कई विद्वान लंबी कविता के रूप में देखते हैं, जबकि वह एक नाटिका के रूप के अधिक करीब है। उसे लंबी कविता माना ही नहीं जाना चाहिए। लंबी कविता की पहचान भी 'नेति-नेति' की प्रक्रिया से होनी चाहिए। 'सरोज स्मृति' को शोक गीत की कोटि में रखना ठीक है, जबकि 'प्रमथ्यु गाथा' को काव्य नाटक की कोटि में। इसी तरह से अनेक तरह की काव्य-शृंखलाएँ हिंदी में आई हैं और कतिपय विद्वान उन्हें लंबी कविता कहने लगे हैं, जबकि वे लंबी कविता के रचना-विधान में अँटती नहीं हैं। मिसाल के तौर पर केदारनाथ सिंह की कविता 'बाघ' को एक लंबी कविता के रूप में सामने लाया गया है, जबकि 'बाघ' लंबी कविता न होकर काव्य-शृंखला ही है। स्वयं कवि ने भी उसे काव्य-शृंखला के रूप में ही कंसीव किया है। सुमन राजे की कविता 'उसके उन्नीसवें जन्म-दिन पर' भी लंबी कविता नहीं ठहरती। उसकी प्रकृति प्रगीत के निकट है। लंबी कविता का एक गुण अनेक भाव दर्शाना है या एक ही भाव दशा को कई-कई रूपों में बाँधने की क्षमता को भी, जबकि सुमन राजे की इस कविता की भाव-दशा इकहरी और क्षणिक ही है। यह कविता न तो कवयित्री के अंतस् में फैलती है और न ही अपने परिवेश में।

'लुकमान अली' तथा 'मुक्ति प्रसंग' विभिन्न मनोदशाओं की उपज हैं। अपने-अपने रचना-विन्यास में यह अलग भी हैं और अपनी फ्लाइट और फैंटेसी के कारण कहीं एक-दूसरे के करीब भी आ जाती हैं। यह दोनों कविताएँ एक माडल पेश करती हैं। 'संवादगाथा' पत्र शैली में लिखी हुई होने के कारण तथा एक कवि की संवेदना दूसरे कवि की संवेदना को ध्वनित करने की क्षमता के कारण अलग तरह की लंबी कविता है।

अनेक ऐसी लंबी कविताएँ हैं, जिनकी चर्चा यहाँ नहीं हुई है, लेकिन वे तमाम लंबी कविताएँ लंबी कविता के प्रतिमान रचने में मदद कर सकती हैं। कुछ समान धर्म, समान व्यवहार, समान योजना तथा समान विन्यास उन्हें एक पाले में ला सकता है। जिन कविताओं की चर्चा इस आलेख में अलग से की गई है, वह एक भेदक दृष्टि के उपस्थापन के लिए ही हैं।

एक सीरियल के बहाने

भारत के आज़ाद होने के बाद तीन नयी पीढ़ियाँ आ चुकी हैं। भारत में भी और ब्रिटेन में भी। आज़ादी के आसपास जन्मी पीढ़ी आज प्रौढ़ हो चुकी है, उसके बाद की युवा और उसके बाद की पीढ़ी अभी अपने शैशव से बाहर निकल रही है। इतिहास कभी करवट बदलता है तो कभी धीरे-धीरे सरकता हुआ रूपाकार लेता है। 1947 की करवट एक महत्त्वपूर्ण बिंदु था, जहाँ से नया भारत निकलना शुरू होता है। परतंत्रता के उस परिवेश से बाहर निकल आने के बाद उस काल की कहानियाँ पीढ़ी-दर-पीढ़ी चलती रही हैं। यही कहानियाँ कहीं न कहीं हमारी मानसिकता और विभिन्न चीज़ों तथा देशों के प्रति हमारे दृष्टिकोण का निर्माण करती हैं। ब्रिटेन में भी स्थिति ऐसी है। यहाँ भी ब्रिटिश राज की 'गरिमापूर्ण' कहानियाँ उस देश में आने वाली बाद की पीढ़ी के नज़रिए को अपनी तरह से एक दिशा देती हैं। इस बीच भारत पर अनेक तरह से लिखा गया। भारत के दर्शन, परंपराओं और संस्कृति पर तरह-तरह की टिप्पणियाँ की गईं। फिल्मकार भी इस क्षेत्र में पीछे नहीं रहे। एटेन ब्रो हों या डेविड लीन या फिर शेक्सपियरवाला टीम में शामिल लोग, सभी ने इस दिशा में काम किया है।

कल्पना कीजिए कि आज अगर कोई अंग्रेज़ भारतीय परिवेश को लेकर कोई फिल्म या कहें कि 13 किस्तों वाला सीरियल बनाना चाहे तो वह इसे किस तरह से बनाएगा। उसके मन में क्या ख़ाका होगा। वह व्यक्ति जो कुछ अरसा भारत में रहा है, लेकिन भारत के साथ उसका 'इन्वाल्वमेंट' इतना ही रहा है कि उसके पास दो खानसामे थे, एक माली था या ऐसे ही कुछ नौकर थे, जिन्हें वह अपनी संपत्ति मानता था। उसने भारत में कुछ जगहें भी देखी हैं। जैसे हिमालय देखा है, उसने गंगा को देखा है और कलकत्ता की बेहद ग़रीबी भी उसने गाड़ी से गुज़रते हुए देखी है। आज वह इंगलैंड में अपने दोस्तों के साथ बैठा याद करता है। शिमला में उसके नौकर कितने समर्पित थे और लागोस या शंघाई में कितने अच्छे।

बस यहीं से वह अपनी शुरुआत करता है। ठीक उस बूढ़े की तरह जिसके पास अपना वर्तमान नहीं होता। उसके पास सिर्फ अतीत होता है और अतीत की यादों में वह बार-बार लौटता है। बार-बार पुराने फिल्मी गाने ही सुनता है। पुरानी फिल्में उसे बहुत अच्छी लगती हैं। पुराना वक्त उसे आह्लादित करता है। वह आज भी उसी परिवेश में जीता है, जिसे वह कभी का छोड़ चुका है। ठीक यही स्थिति आज अंग्रेज़ों की हो चुकी है। वह एक बूढ़े की तरह से ब्रिटिश राज के अतीत की गौरव गाथाओं को कह-कह कर खुद को गौरवान्वित महसूस कर रहा है। बूढ़े की ही तरह से अपने वर्तमान से क्षुब्ध है और बार-बार यही सोचता है 'जाने कहाँ गए वे दिन'।

यही वह बिंदु है जहाँ से हम ब्रिटिश मानसिकता को पकड़कर विश्लेषित कर सकते हैं। सीरियल बनाने की बात चल रही थी। वह सबसे पहले उन्हीं नौकरों के चित्र खींचेगा, उन्हीं को वह कैमरे में उतारेगा, लेकिन उन चित्रों से रंग गायब होंगे, क्योंकि उसका रिश्ता नौकरों से रहा है, आदमियों से नहीं। एक मानवीय रिश्तों की जो गरमाहट उभरनी चाहिए, वह उस सीरियल में नहीं उभरेगी, क्योंकि उसका इन्वाल्वमेंट सिर्फ उस आदमी के साथ रहा है जो जातीय चरित्र में कहीं भी उसके आसपास नहीं पड़ता। नौकरों के प्रति या फिर अपनी 'प्रजा' के प्रति उसका रवैया तो यह रहा है 'डू ऐज़ आई से। नॉट ऐज़ आई डू' तो वह चरित्र की बारीकियों को कैसे पकड़ेगा। उसे लगता है कि चरित्र सतही बन रहा है तो वह 'कट' करके कैमरा ज़ूम करता हुआ हिमालय की खूबसूरत बर्फीली चोटियों की ओर ले जाता है और थोड़ी देर के लिए कैमरा लुभावनी प्राकृतिक छटा में खोया रहता है और फिर 'कट' मारकर वह चरमराती बैलगाड़ियों और उसमें ऊँघते देहातियों के शाट लेता है। कैमरा फिर हिमालय की किसी तलहटी पर नज़र डालता है। वहाँ घूमता नज़र आता है एक गोरा। वहीं घोड़े पर सवार भारतीय आ रहा है। उसे उतरना पड़ता है। वह गोरे के सामने घोड़े पर सवार होकर नहीं निकल सकता। छाता लेकर चलता व्यक्ति गोरे को सामने पाकर छाता अंदर कर लेता है। क्लाड आचिनलैक की नज़र में वह 'व्हाइट सुपीरियारिटी' है, जिसे आज भी परंपरागत तरीके से अंग्रेज़ निभाए चला जा रहा है।

यही मानसिकता इस बात को भी निश्चित करती है कि अंग्रेज़ का भारत के प्रति क्या नज़रिया बनता है। वह भारतीय संस्कृति, दर्शन, भारतीय परिवेश और भारतीय परंपराओं को किस नज़र से देखता है। यही नज़रिया ही तो आखिरकार उस सीरियल या किसी फिल्म में ध्वनित होगा। अक्सर कहा जाता है कि पुरानी आदतें बड़ी मुश्किल से छूटती हैं और कई बार तो वे आदमी के साथ ही खत्म होती हैं, लेकिन जब इन आदतों या रवैयों का संबंध पूरे समाज से हो तो? समाज तो नहीं मरते, बदलते हैं। अक्सर धीरे-धीरे बदलते हैं। तो रवैयों की बात हम 1935

में छपी मिस मेयो की किताब 'मदर इंडिया' से कर सकते हैं। मिस मेयो को भारत में इतना कूड़ा नज़र आया कि गाँधी जी को कहना पड़ा कि "यह किताब नाली के सफाई निरीक्षक की एक रपट है।"

अब जो सीरियल बनेगा तो उसकी प्रतिध्वनि कहीं न कहीं इन्हीं बातों को पुष्ट करेगी। सीरियल ज़ाहिर है कि अंग्रेज़ी में ही बनेगा और इसलिए अंतर्राष्ट्रीय बाज़ार में जाएगा। तो उसमें कुछ बातें जापान और कुछ अमेरिका के बारे में भी होनी चाहिए। यहाँ वह शाट दिया जाएगा जब जनरल परसीवल सिंगापुर में जापानी कमांडर के सामने सफेद झंडा उठाए नज़र आता है। अब यह शाट चाहे जितना भी अटपटा लगे लेकिन अमेरिकियों द्वारा यह ज़रूर पसंद किया जाएगा। ब्रिटिश को अपमानजनक स्थिति में पाकर हर अमरीकी को मज़ा आता है। शायद ऐसा ही मज़ा संभवतः हर भारतीय को भी आता है। अंग्रेज़ जहाँ अपनी 'व्हाइट सुपीरियारिटी' से मुक्त नहीं हो पाया, वहीं भारतीय भी कहीं न कहीं आज भी 'काम्पलेक्स इनफिरियारिटी' से जकड़ा हुआ है। अब यहाँ इस बहस में जाना मुनासिब नहीं लगता कि सुपीरियारिटी काम्पलैक्स नाम की कोई चीज़ नहीं होती।

आप पूछ सकते हैं कि सीरियल की कहानी क्या होगी तो यह सवाल ही बेतुका है। सीरियल में भला कहानी का क्या काम? हाँ यह ज़रूर है कि उसे फिर भारत की ओर ही लौटना होगा, क्योंकि जितनी विविधता भारत में मिल सकती है, उतनी और कहाँ मिलेगी। अपनी सारी विविधताओं और सारे आर्थिक विकास के बावजूद आज़ादी के लंबे अरसे के बाद भी भारत की प्रतिमा सपेरों और जादूगरों के देश की ही होगी या फिर यहाँ दर्शन है। दर्शन भी ऐसा जिसका कोई सिर पैर नहीं, जो शून्य से शुरू होकर शून्य पर ही खत्म होता है। यह तो बहुत पहले ई. एम. फास्टर अपनी किताब 'पैसेज टू इण्डिया' में साबित कर ही चुके हैं। हाँ तो भारत की प्राचीन रहस्य विद्या को दर्शाने के लिए वही सीन सर्वाधिक उपयुक्त रहेगा। जब जवान, परेशान मेम साहब बलात्कार का किस्सा लेकर आती है और चलता है लंबा मुकदमा।

यहाँ भी देखिए ई. एम. फास्टर ने पूरी ताकत से यह साबित कर दिया है कि भारतीय दर्शन में सिर्फ भ्रम है। सही है। हम भी मान लेते हैं कि 'ब्रह्म' और 'कोहं' से 'सोहं' की यात्रा सभी की समझ से परे हैं। लेकिन यह समझ में नहीं आया कि फास्टर साहब ने सर्वाधिक व्यावहारिक दर्शन, बौद्ध-दर्शन का कहीं कोई उल्लेख क्यों नहीं किया? वह भी तो भारतीय दर्शन का एक हिस्सा ही है और जिसने दुनिया भर को प्रभावित किया।

कहने का तात्पर्य यह कि यहाँ भी फास्टर साहब की नीयत पर कुछ शक होने लगता है। हालाँकि भारतीय एवं इंग्लिश मानवीय अंतःसंबंधों का चित्रण खूबसूरती से हुआ है। लेकिन वह इस सीरियल का हिस्सा नहीं है। सीरियल में तो जादूगर

होंगे, सपेरे होंगे, टोने-टोटके वाले होंगे और फिर एक शाट धुआँ उगलती चिमनी का होगा।

यह तो अच्छा हुआ कि 'फेस्टिवल आफ इण्डिया' जहाँ तहाँ लगने लगा। (चाहे करोड़ों रुपया गया) पर भारत की कुछ साफ-साफ तस्वीर तो उन लोगों के सामने आई, जिन्हें भारत को सिर्फ अपनी ही सीमित निगाह से देखने की आदत पड़ गई थी।

चार्ल्स एलेन ने अपनी किताब 'प्लेन टेल्स फ्राम राज' में जिन अंतःसंबंधों की बात की है, वे भी कहीं-कहीं इस सीरियल का हिस्सा बन सकते हैं। इसी किताब में आया एक दृश्यात्मक वर्णन फिल्माया जा सकता है, जहाँ एक भिखारी किसी घर के सामने बर्तन फैलाए भीख माँगता खड़ा है और उसे भीख मिलती भी है, लेकिन जब वह भिखारी थकान के मारे वहीं गिर पड़ता है तो भीख देने वाली महिला या घर के दूसरे लोग उसके लिए कुछ नहीं करेंगे, क्योंकि वह अछूत को छू लेने से जन्म भ्रष्ट हो जाने की भी सीख देता है। यानी हिंदू धर्म में 'काम्पैशन' का अभाव है, जबकि ईसाई धर्म की बुनियाद ही 'काम्पैशन' है। यह शाट दृश्यांकन और नसीहत दोनों नज़रियों से बेहतर रहेगा। हालाँकि आज स्थिति वह नहीं है, जिसका ज़िक्र एलेन ने किया है, शिक्षा के प्रचार-प्रसार में स्थितियाँ बदली हैं। लेकिन यह तो सच है कि हिंदू धर्मावलंबियों में यह बात रही है और कहीं-कहीं रूप बदल कर अभी भी है।

इसी 'काम्पैशन' की नज़र से एटेन ब्रो ने 'गाँधी' बनाई। याद कीजिए वह दृश्य जब गाँधी जी एक नदी कि किनारे बैठी कपड़ों के अभाव की मारी महिला को अपनी धोती दे देते हैं और याद कीजिए उस समय उनके चेहरे पर आया सौम्य भाव। यह एटेन ब्रो नहीं, उनकी ईसाइयत बोल रही है। इसमें हमें कोई एतराज़ नहीं होना चाहिए कि उन्होंने अपनी नज़र से गाँधी को देखा और पेश किया, लेकिन एक भारतीय की नज़र में गाँधी केवल 'काम्पैशन' की प्रतिमूर्ति नहीं थे, उनकी अहम राजनीतिक भूमिका भी थी। इसी भूमिका की वजह से भारत आज़ाद भी हुआ। यहीं ताज्जुब भी होता है कि इतनी अहम भूमिका को एटेन ब्रो एक सिरे से खारिज़ कर के उसके बारे में चुप्पी साध लेते हैं तो इनकी भूमिका भी कुछ-कुछ फास्टर जैसी ही हो जाती है।

नज़रियों में यह बुनियादी फर्क सीरियल को कितना प्रभावी बना सकेगा। यह कहना तो फिलहाल मुश्किल है। पर सीरियल में 1857 की म्यूटिनी यानी विद्रोह के कुछ शाट भी होंगे और यह भी कि ब्रिटिश राज ने उसे कितनी चतुराई और तत्परता से दबा दिया है। हालाँकि यहाँ भी नज़रियों में बुनियादी फर्क है और यह कि जिस घटना को अंग्रेज़ आज भी विद्रोह की संज्ञा देते हैं, भारतीय जनमानस में वह घटना स्वतंत्रता आंदोलन की पहली लड़ाई के रूप में अंकित है। इतिहासकार

भले ही जो कहें और फिर इतिहास सिर्फ किताबों में ही तो नहीं होता। लोगों की ज़बानों पर भी होता है। किताबों में लिखा इतिहास कभी मर भी सकता है। लेकिन लोगों की ज़बानों पर लिखा इतिहास कभी नहीं मरता।

सीरियल का फैलाव अधिक हो रहा है। घटनाएँ अनेक हैं। ब्रिटिश राज में फैली कहानियों, घटनाओं और चरित्रों की कमी नहीं है। मसलन 1857 के बाद अंग्रेज़ों ने एक ही रेजिमेंट की विभिन्न कंपनियों में विभिन्न धर्मों के लोग रखे। धर्म के आधार पर किए सेना के पुनर्गठन में अंग्रेज़ों को यह सुविधा दी कि वे उन्हें कभी मिलने न दें। मुसलमान सिपाही मांस खाता था तो शराब नहीं पीता था, हिंदू सिपाही सिगरेट तो पी लेता था, शराब भी, लेकिन मांस नहीं खाता था, इस डर के मारे कि कहीं गोमांस न हो। सिख सिपाही शराब भी पीता था, मांस भी खाता था तो सिगरेट नहीं पीता था। फिर भी सभी साथ-साथ थे, लेकिन इस खान-पान के आधार पर वे अपनी-अपनी कंपनी के साथियों के साथ ही रहते थे। अब पता नहीं इस बात को सीरियल में लाना चाहिए या नहीं, लेकिन इससे अंग्रेज़ों की कुशलता तो सामने आती ही है।

राज में फैले राजे-महाराजाओं के किस्से सीरियल में दिलचस्प तरीके से फिट किए जा सकते हैं। यह सब या और भी बहुत कुछ हो सकता है, लेकिन सवाल तो सिर्फ यह है कि उसके पीछे नज़रिया क्या है, उसका चरित्र क्या है? क्या आज का ब्रिटेन आज के भारत को समझ पा रहा है? टूटते मूल्यों के साथ-साथ जो नई मान्यताएँ जन्म ले रही हैं, क्या उन्हें आज का ब्रिटेन या पश्चिमी संसार समझ पा रहा है? आर्थिक विकास के साथ-साथ आज़ादी के बाद आई पीढ़ियों ने अपनी पहचान जिस रूप में बनाई है, क्या उन्हें वह रेखांकित करने की क्षमता अर्जित कर चुका है? या मात्र ब्यौरों, मज़ाकों और हल्के-फुल्के व्यंग्यों से ही सीरियल पूरा हो जाएगा। यह सीरियल अगर बना तो 13 किस्तों में इसका सिमटना मुश्किल है और इतने बड़े कैनवास पर फैले सीरियल के लिए कोई उपयुक्त शीर्षक भी तो चाहिए। आप देंगे कोई शीर्षक?

खंड तीन

आधुनिक महिला लेखन : सार्थकता के आधार

हस्तक्षेप। इस सदी का आखिरी मुहाना। हस्तक्षेप। 'युद्धरत आज आदमी' का महिला केंद्रित कविता विशेषांक। इसी के साथ ही महिला केंद्रित कहानी विशेषांक भी प्रकाशित हुआ है। संपादन भी रमणिका गुप्ता का। तो सीधा-सीधा हस्तक्षेप हुआ न! कभी हिंदी साहित्य का 'सहृदय पाठक' मीरा का नाम लेकर ही गौरव का अनुभव करता था कि देखो-देखो हमारे यहाँ महिला भी कवि हो सकती है। युग बदला। छलाँग लगाकर सीधे महादेवी पर। हाँ सुभद्राकुमारी चौहान को मत भूलना। तो यह युग था जब कवि-सम्मेलनों में काव्य-पाठ के लिए महिला-कवियों की खोज की जाती थी। पर अब तो परिदृश्य ही बदल गया। बेचारा हिंदी का 'सहृदय पाठक' अब क्या करे। यहाँ तो एक जमात ही खड़ी हो गई है महिला-रचनाकारों की। पर मात्र रचनाकार कहना काफी नहीं क्या? यह महिला और पुरुष जैसे विशेषण लगाना ज़रूरी है क्या! विद्वत् जन जानें।

पर रमणिका गुप्ता की नज़र में महिला स्वयं ही अपने अनुभवों को पूरी प्रामाणिकता के साथ साहित्य के माध्यम से रख सकती है। पुरुष महिलाओं के अनुभवों को सिर्फ हमदर्दी की निगाह से ही देख सकता है। मालूम नहीं कि हमदर्दी शब्द का इस्तेमाल रमणिका जी ने सिम्पैथी के लिए किया है या एम्पैथी के लिए। जो भी हो, महिलाओं का लेखन अगर मात्र इसलिए ज़रूरी है कि अपने अनुभवों को वही प्रामाणिक तरीके से अभिव्यक्त कर सकती है तो फिर उन्हें इससे इतर तो कहीं झाँकना ही नहीं चाहिए और इसी तर्क को ज़रा बढ़ाया जाए तो पुरुषों को भी सिर्फ अपने अनुभवों तक ही सीमित रहना चाहिए। कलाएँ तो हमेशा कांटेंट की खोज में रहती हैं और रचनाकार भी, तो रचनाकार को यूँ ही ऐसी-वैसी सीमाओं में कैद करने की कोशिशें न कभी कामयाब हुई हैं न होंगी। उसे जो रुचेगा, वह लिखेगा। जो परेशान करेगा, वह बाहर आएगा ही। और संपादक के वक्तव्य को छोड़ दें तो इन तमाम कविताओं को पढ़ते हुए लगातार यह लगता भी रहा है। हाँ यह ज़रूर

है कि महिला होने के नाते और महिलाओं की जो हालत हमारे समाज में आज है, उन संदर्भों से उसे जोड़ते हुए जो अनुभव इन्हें प्राप्त हुए हैं, उन्हें इन्होंने अपने-अपने तरीके से अभिव्यक्ति दी है। पर ऐसा नहीं कि केवल स्व-अनुभव ही केंद्र में है। संवेदना के स्तर पर अर्जित अनुभवों को भी इन्होंने अपनी कविताओं की 'वस्तु' बनाया है।

पहले एक बात यह कहना चाहता हूँ कि हिंदी फिल्मों की कुछ-कुछ प्रवृत्ति इधर साहित्य ख़ासकर कविता में देखने में आई है। जैसे एक फिल्म हिट होते ही लगातार वैसी ही फिल्में धड़ाधड़ बनने लगती हैं, ठीक वैसे ही अगर किसी ख़ास विषय या बिंदु को लेकर लिखी गई एकाध कविता चर्चित हुई तो बस धड़ाधड़ वैसी ही कविताएँ बाज़ार में हाज़िर। ऐसे ही कुछ विषय हैं लड़की, औरत, माँ। लड़की पर कोई कविता चर्चित हुई तो बस वह कवि ही क्या जो लड़की पर कविता न लिखे। एक समय की कविताओं की अंतर्धारा एक-सी हो तो यह एक बात है। ऐसा अक्सर होता है। सारा भक्ति साहित्य इसकी मिसाल है। और भी मिसालें हैं। यह अंतर्धारा उस समय की कविता को एक शक्ति भी देती है और पहचान भी। ऐसे में कई बार कुछ प्रतीक भी समान रूप से सामने आते हैं, पर सभी कवि एक से ही प्रतीक चुनने लगें और उन प्रतीकों के इस्तेमाल के संदर्भों में भी कोई ख़ास फ़र्क नज़र न आए तो गड़बड़ लगती है। इस दुर्घटना से बचाव की ज़रूरत आज है। क्योंकि इस संग्रह में भी कई कविताएँ ऐसे ही प्रतीकों को लेकर बुनी गई हैं। ब़हुत-सी अपना निर्दिष्ट भी नहीं जानतीं।

ऐसी कविताओं की बात न करके चलिए ऐसी कविताओं की बात करें जो अपने व्यक्तित्व के साथ उपस्थित हैं। मसलन सुमति अय्यर के प्रेम–1, प्रेम–2, प्रेम–3 में जहाँ वह प्रेम सर्वनाम बनकर नहीं एक संज्ञा बनकर करना चाहती है। तमाम व्यस्तता के आतंक के बीच प्रेम करने वाली एक संज्ञा-स्वरूप औरत का चेहरा झाँकता नज़र आता है—अपनी इयत्ता के साथ। यही इयत्ता इंदु जैन की कविताओं में अपनी पूरी ठसक के साथ मौजूद है। इंदु जैन की लड़की संघर्ष का मात्र निवाला बनने से इनकार करती है और कवयित्री का यह विश्वास है कि उसकी लड़की 'हालात को हादसे नहीं बनने देगी' सामाजिक विद्रूपता के रू-ब-रू प्रतिरोधक शक्ति के रूप में सामने आता है। जबकि शशि सहगल के अंदर बैठी माँ बेटे को बड़ा होते देख जब सवाल करती है कि बेटा बड़ा होकर/आदमी क्यों बन जाता है? तो जैसे हम एक माँ का एक औरत के रूप में मेटामारफिस होते देखते हैं। साथ ही यह सवाल हमारे समाज में पल रहे पुरुष के मनोविज्ञान के साथ भी छेड़छाड़ करता है और माँ बनाम औरत को एक तकलीफदेह स्थिति में डाल देता है।

मणिका मोहिनी जब 'पुत्र के प्रति' लिखती हैं तो एक माँ बनकर डर, ममत्व, आशंका के बीच पुत्र की कामना के लिए ईश्वर से दुआ माँगती हैं तो यहाँ कविता

इकहरे स्तर पर ही चलती नज़र आती है जबकि राजी सेठ के अंदर बैठी माँ 'प्रवासी बेटे की वर्षगाँठ पर' कविता लिखने के बहाने स्वयं-से ही वार्तालाप करती है। राजी की यह कविता दोहरे स्तर पर चलती हुई मात्र वर्षगाँठ की चर्चा नहीं करती, बल्कि बेटे के प्रवासी देश और अपने देश का गुत्थमगुत्था आकलन भी करती चलती है। संभवतः साहित्य का यही वह बिंदु है, जहाँ आत्मानुभव और सामाजिक अनुभव एकमएक हो जाते हैं। दूसरी कविताओं में भी वह देश की बदहाली को बाँचती ज़रूर है, पर एक सामाजिक के रूप में ही।

अपने आत्मकथ्य में भी राजी सेठ ने साहित्य की तेजस्विता में विश्वास व्यक्त किया है और साहित्य के पिछलग्गू होने का विरोध। वे साहित्य की समग्रता की हामी हैं, यही समग्रता आंशिक रूप से उनकी 'प्रवासी बेटे की वर्षगाँठ पर' कविता में मिलती भी है। पर एक रचनाकार का इस रूप में ही एसर्शन अच्छा है न कि अशोक वाजपेयी के इस रूप में कि हिंदी में तो चिंतन बंद ही हो चुका है। पर यह अलग बहस की बात है।

प्रवासी मन की झलक हमें सुषम बेदी की कविताओं में भी मिलती है। अपने देश और प्रवासी देश के सांस्कृतिक प्रतीकों के बीच झूलती ज़िंदगी की तकलीफ सुषम बेदी की कविताओं में है और जब वह प्रवासी देश में किसी भी टुच्चे-पुच्चे को भारतीयता का प्रतिनिधित्व करते देखती है तो जैसे उसे एक सन्नाटा ही घेर लेता है।

संकलन में कविताओं के साथ आत्मकथ्य भी हैं। कुछ हैं कुछ नहीं हैं और कुछ न होने के बराबर। बहरहाल कात्यायनी ने पहले तो लिखा कि आत्मकथ्य लिखना बहुत उपयोगी नहीं, और फिर लिख भी दिया। लिखा तो ऐसा कि संकलन में सबसे बड़ा। अब उपयोगी नहीं तो लिखते क्यों हो और लिखना है तो छद्म की ज़रूरत क्या है?

आत्मकथ्य वाकई उपयोगी नहीं है, क्योंकि कात्यायनी की कविताएँ कहीं ज़्यादा उपयोगी हैं। 'न कोई संस्मरण' में ठंडी तेज़ धार वाला मारक व्यंग और फिर 'यूँ अचानक एक दिन हमारा' प्रेम में प्रवेश करते हुए जोड़े की सहज प्रक्रिया पर अच्छी कविताएँ हैं तो 'बनी नहीं कविता' कविता के चालू ढाँचे को तोड़ने के साथ ही यह सवाल उठाती है कि आखिर कविता के लिए कच्चा माल कहाँ से जुटाएँ? और फिर क्या समाज और राजनीति के विद्रूप कविता में सीधे प्रवेश कर सकते हैं कि नहीं? और फिर हमारे समय को आतंकित करने वाले प्रतीक सीधे-सीधे कविता के प्रतीक भी हो सकते हैं कि नहीं? ज़ाहिर है कि इन सवालों से हर रचनाकर जूझ रहा है, जूझना ही उसकी नियति है।

लड़की, माँ, औरत, नदी और स्त्री तथा पुरुष की औपनिवेशिक प्रवृत्ति आदि पर अनेक कविताएँ इस संकलन में हैं, पर साथ ही ऐसी भी अनेक कविताएँ हैं

जो अपने से बाहर की हैं। रमणिका गुप्ता की कविताओं में वैचारिकता अपनी प्रबलता के साथ विभिन्न संदर्भों में मौजूद है। पुरुष की सत्ता के खिलाफ वह भी संघर्ष करती हुई खुद के कवि से पहचान करना चाहती है और इसी प्रक्रिया में वह कभी आदिवासियों तो कभी कोयला खदानों के मज़दूरों के साथ जुड़ती है। यह जुड़ना खाली संवेदना के स्तर पर नहीं सीधा-सीधा है। सीधा-सीधा इसलिए कि बकौल रमणिका गुप्ता के 'कविताएँ मेरे पास आती हैं, मैं इन्हें लाती नहीं' पर यह भी सच है कि कविताओं के आने के साथ ही वैचारिक संगुंफन भी शुरू हो जाता है।

कविता सिंह के नवगीत सामाजिक संदर्भों को उजागर करने वाले प्रतीकों से अटे हुए गीत हैं–मैले कपड़े सा खूँटी पर/टँगा रहा दिन। कविता सिंह प्रतीकों की राह से ही बिंब निर्मित कर लेती हैं, जो उनके गीतों की शक्ति है।

इसी तरह की शक्ति अनुभूति चतुर्वेदी की 'दो श्रावणी कविताएँ' में भी मौजूद है–

यह भीगी हुई चादर हटा कर
अपनी प्रचंड ऊष्मा के साथ सामने आओ
हे सूर्य
और मुझे आलिंगनबद्ध कर लो!

कहना होगा कि अनुभूति की यहाँ संकलित कविताएँ उसकी पूर्व-कविताओं से बहुत आगे हैं। किसी भी कवि में विकास होते देखकर खुशी ही होती है।

इनके अतिरिक्त चंपा वैद, मंजु गुप्ता, माया प्रसाद, रेखा व्यास, वंदना सालोड़े आदि की कविताओं को भी रेखांकित किया जा सकता है।

संपादन के स्तर पर अतिरिक्त सतर्कता की ज़रूरत महसूस होती है। मसलन कवयित्रियों को न तो अकारादि क्रम से रखा गया है और न ही किसी तरह के और क्रम का ध्यान रखा गया है। जब जिसकी कविताएँ मिल गईं, लगा दीं। फिर मलयालम या जापानी कविताएँ भी सुविधा से बटोरी गई कविताएँ हैं, उनके पीछे कोई योजनाबद्ध नज़रिया नहीं है। नागेश्वर लाल का लेख यहाँ संकलित कविताओं से इतर कवयित्रियों के प्रकाशित कविता-संग्रहों पर उपयोगी टिप्पणी करता है और इसी तरह से रमणिका गुप्ता का संपादकीय भी। काम बड़ा हो, व्यक्ति लगभग अकेला तो कुछ कमियाँ रह भी जाती हैं। पर उनकी पूर्ति कविताओं से ध्वनित आशयों एवं ऊर्जा से होती है। यही बात आधुनिक महिला लेखन (कविता खंड) को सार्थक किताब बनाती है।

राष्ट्र निर्माण : भाषा की भूमिका

राष्ट्र निर्माण में भाषा की भूमिका क्या है? यह प्रश्न कुछ वैसा ही है जैसा कि यह पूछा जाए 'पेड़ के निर्माण में जड़ों की भूमिका क्या है?' या किसी से यह सवाल किया जाए कि तरह-तरह के प्रदूषण के बीच जीवन के लिए आक्सीजन की भूमिका क्या है? एक नज़र से देखने से यह प्रस्तावना बड़ी आसान-सी लगती है, लेकिन ज्यों-ज्यों इस पर चिंतन किया जाए, उलझाव बढ़ता जाता है?

मसलन पहले यह तय करना ज़रूरी हो जाता है कि राष्ट्र क्या है? क्या राष्ट्र और राज्य में कोई फर्क है कि नहीं? क्या राष्ट्र-राज्य में भी भाषा की भूमिका वही होगी, जो कि एक ऐसे राज्य में जिसमें तरह-तरह के राष्ट्र समाहित हो गए हों। यानी नेशन और 'सब-नेशन' में फर्क करके चलें या कि एक नेशन को हम स्टेट भी मान लें। यहीं से भाषा की भूमिका पेचीदा हो जाती है।

हम सब जानते हैं कि आज़ादी की लड़ाई तथा जागरण-काल में सभी वर्गों या कहें कि सभी जातियों (सब-नेशन्स) ने हिंदी या हिंदुस्तानी को अपने संघर्ष का माध्यम माना और इसी बल पर एक बड़ा राष्ट्रीय जन-आंदोलन खड़ा हुआ। आज़ादी के बाद की कहानी कुछ और है। संघर्ष के निशाने बदल जाने के साथ-साथ हिंदी भाषा की भूमिका को भी उत्तर एवं मध्य भारत में रहने वालों लोगों के वर्चस्व स्थापित हो जाने के रूप में देखा जाने लगा। उस समय हालाँकि अंग्रेज़ी जानने वालों की संख्या मुश्किल से 0.5 प्रतिशत थी, लेकिन राजनीतिक एवं प्रशासनिक हलकों में वर्चस्व उन्हीं का था, इसलिए राज्य की भाषा अलग और जन की भाषा अलग हो गई। एक वर्ग वह जो हर तरह से अंग्रेज़ी के माध्यम से प्रसाशन पर अपनी पकड़ बनाए रखना चाहता था और दूसरा बड़ा वर्ग वह जिसे अंग्रेज़ी भाषा का ज्ञान ही नहीं था। यह भी हम जानते हैं कि जिस वर्ग के हाथ में सत्ता होती है, उसी वर्ग की भाषा का सिक्का भी चलता है। ऐसा हम मुग़ल-काल और ब्रिटिशकाल में देख चुके थे, लेकिन ताज्जुब इस बात का होता है कि अंग्रेज़ों के चले जाने के बाद भी

यहाँ के प्रशासकों ने अपनी जातीय पहचान को रेखांकित करना ज़रूरी नहीं समझा और इस तरह से राष्ट्र-निर्माण भी दो तरह से होने लगा। एक ओर वे लोग थे जिनके हाथ में सत्ता और ज़बान पर अंग्रेज़ी थी और दूसरी ओर वे लोग, जिनके पास न सत्ता थी, न अंग्रेज़ी। विभिन्न भारतीय भाषाएँ बोलने वाले इन लोगों की संख्या बड़ी थी, लेकिन यह वंचितों का एक बड़ा समाज था। भाषा के आधार पर ही राज्यों को पुनर्गठित किया गया और दक्षिण भारत में हिंदी के लिए यह हव्वा खड़ा किया गया कि अब उत्तर-भारत के लोग दक्षिण भारत के लोगों की अपेक्षा जल्दी तरक्की करेंगे। सत्ता उनके हाथ में होगी और दक्षिण भारत के लोग पिछड़ जाएँगे। तो कहें कि एक तरह से भारतीय राष्ट्र उत्तरी राष्ट्र और दक्षिणी राष्ट्र के रूप में विभाजित हो गया या राजनीतिक स्तर पर उसे विभाजित कर दिया गया। जो लड़ाई भारतीय भाषाओं बनाम अंग्रेज़ी होनी चाहिए थी, उसे मात्र हिंदी बनाम अंग्रेज़ी बना दिया गया। इस षड्यंत्र के शिकार दोनों ओर के लोग हुए। बजाए इसके कि तमाम भारतीय भाषाओं की बात की जाती, बात सिर्फ़ हिंदी की की जाने लगी, तब हिंदी को जिस तरह के विरोध का सामना करना पड़ा, उससे हम सभी परिचित हैं। ऐसे में राष्ट्र का निर्माण किस दिशा में होता? हिंदी के विरोध में तरह-तरह के तर्क दिए जाने लगे कि इसमें वैज्ञानिक एवं तकनीकी शब्दावली नहीं है। पहले वह बनाओ। आयोग बने। शब्द भी बने और उन शब्दों का क्या हश्र हुआ, यह हम सब जानते हैं। घोड़े के आगे गाड़ी लगाने से गाड़ी नहीं चलती। शब्दावली भले ही गढ़ ली जाए, भाषा गढ़ी नहीं जाती। भाषा विकसित होती है और विकास के लिए उसे प्रयोग में लाना ज़रूरी है।

अचरज की बात है कि हम वैज्ञानिक जानकारी ले सकते हैं, तकनीक उधार ले सकते हैं, लेकिन शब्द लेते हुए हम रुक जाते हैं। कहीं इसके पीछे हमारा कोई राष्ट्रीय या जातीय दंभ तो नहीं याकि एक तरह का इनफिरियारिटी काम्पलैक्स। आज भी हिंदी और संभवतः अन्य भारतीय भाषाओं के लोग भी दो खेमों में बँटे हुए हैं। एक वर्ग अपनी भाषा की शुचिता को मूल रूप में अक्षुण्ण रखना चाहता है, जबकि दूसरा वर्ग व्यावहारिक दृष्ट से समय, विषय एवं विचार की ज़रूरत के मुताबिक भाषा को ज़्यादा से ज़्यादा लचीला बनाना चाहता है। (मैं स्वयं को इसी उदार-वर्ग में रखना चाहता हूँ) वस्तुतः भाषा की पहचान उसके व्याकरण और लिपि से होती है। किसी भी दूसरी भाषा का शब्द जब हिंदी के व्याकरण एवं लिपि के अनुरूप ढल जाता है तो उसे हम हिंदी का ही मानेंगे। राष्ट्र कोई शून्य में टिकी अवधारणा नहीं है, न ही यह कोई यूटोपिया है, बल्कि राष्ट्र एक सांस्कृतिक, सामाजिक एवं सामुदायिक इकाई है। इस रूप में एक राष्ट्र राज्य की सीमाओं के अंदर भी होता है और सीमाओं से बाहर भी। हम राज्य की सीमाओं में स्थित राष्ट्र की ही बात कर सकते हैं। हिंदू, मुस्लिम, सिख अथवा क्रिस्तानी तथा अन्य सभी कौमों को मिलाकर ही भारतीय राष्ट्र

का निर्माण होता है। भारतीय राष्ट्र के दायरे में भी पंथ अथवा भाषाई आधार पर ठहरी हुई जातीयता की पहचान की जा सकती है। धार्मिक आधारों की अपेक्षा अगर हम सांस्कृतिक आधारों की बात करें तो भाषा की भूमिका ज़्यादा कारगर हो सकती है। यह दुर्भाग्य ही कहा जाएगा कि ऐतिहासिक साक्ष्यों के विपरीत यहाँ हिंदी को हिंदुओं की उर्दू को मुसलमानों की तथा पंजाबी को सिक्खों की भाषा के रूप में स्थापित किया गया। इसमें सीधी-सीधी बंदर-बाँट राजनीति काम कर रही है। ऐसे राष्ट्र निर्माण में भाषाई आधार पर कौमों की पहचान होने लगी है, जिससे राष्ट्र निर्माण की प्रक्रिया मन्द हुई और भाषाई वैमनस्य पैदा हुआ है। वस्तुतः भारतीय भाषाओं की अस्मिता की रक्षा के लिए जो समवेत आंदोलन लेखकों एवं कुछ बुद्धिजीवियों द्वारा सालों से चलाया जा रहा है, उसे और तेज़ करने की ज़रूरत है और इस तरह के अंतर-भाषाई सम्मेलन अपनी कारगर भूमिका निभाते ही हैं, इसमें कोई दो राय नहीं है।

पंजाबी भाषी होने के बावजूद मैं यह मानता हूँ कि पूरे भारतीय राष्ट्र को पहचान देने के लिए, जन संपर्क सुविधाजनक बनाने के लिए एक भाषा ज़रूरी है। सभी भारतीय भाषाओं की भूमिका असंदिग्ध और महत्त्वपूर्ण है। इस तथ्य को भी नकारा नहीं जा सकता। लेकिन अंग्रेज़ी के वर्चस्व के मुकाबले अपनी भाषा को वरीयता देना ज़रूरी है। जन का दबाव कहें या कि एक राजनीतिक ज़रूरत, यह काम हिंदी ने किया है। राज्यतंत्र की तमाम उपेक्षाओं एवं राजनीतिक विरोधों के बावजूद हिंदी एक जन-संपर्क भाषा के रूप में विकसित हुई है। हिंदी का अन्य भारतीय भाषाओं से कोई विरोध न है न हो सकता है, यह बात इस तथ्य से प्रमाणित होती है कि जैसे-जैसे हिंदी का विकास हुआ ठीक उसी के अनुरूप सभी भारतीय भाषाएँ विकसित हुई हैं। तमिलनाडु के राजनेता जब तमिल बोलते हैं या बंगाल के बंगला तो हर्ष होता है। पर जब वे जन संपर्क में भी अंग्रेज़ी बोलने लगते हैं तो एक तरह की मानसिक दासता ही झलकती है।

हम यह भी देखते हैं कि साहित्य के क्षेत्र में भी हिंदी एक केंद्रीय भाषा के रूप में विकसित हुई है। आज सभी भारतीय भाषाओं का सबसे ज़्यादा साहित्य हिंदी में ही उपलब्ध है और हिंदी में अनुवाद होते ही उस रचना का प्रचार-प्रसार हिंदी के अतिरिक्त दूसरी भाषाओं में बढ़ जाता है। इसमें अहिंदी भाषियों की भूमिका प्रशंसनीय ही नहीं अनुकरणीय भी है।

मित्रो! इस समय इस लड़ाई से भी एक बड़ा खतरा और है और वह है बाज़ारवाद। हम देख रहे हैं कि जिस देश के पास जितना बड़ा बाज़ार है, वहाँ की भाषा भी उतनी तेज़ी से विकसित हो रही है। औपनिवेशिक दृष्टिकोण समाप्त हो रहा है। सांस्कृतिक उपनिवेशता की चर्चा जिस तरह से चलाई जाती है, वह सही नहीं है। अन्य देशों खासतौर पर पश्चिम देशों की संस्कृति के प्रभाव की हम आलोचना

करते नहीं थकते, लेकिन जब भारतीय संस्कृति का असर हम पश्चिमी या अमेरिकी संस्कृति पर पाते हैं, तो हमारे हर्ष की कोई सीमा नहीं रहती। यह एक तरह का सांस्कृतिक दोगलापन है। सांस्कृतिक सीमाएँ टूटी हैं, टूट रही हैं—इसमें संगीत एवं अन्य कलाओं की भूमिकाओं को मानते हुए भी भाषा की भूमिका को नज़रअंदाज़ करना संभव नहीं है।

आज भारत एक बड़ा बाज़ार है। हम अपनी शर्तों पर बहुत कुछ स्वीकार या अस्वीकार करने की स्थिति में आ रहे हैं। बहुराष्ट्रीय कंपनियाँ भी अपना सामान बेचने के लिए भारतीय भाषाओं को ही माध्यम बना रही हैं। इस अवसर को भी चूकना नहीं चाहिए। और अपनी भाषा को बाज़ार की अनिवार्य भाषा के रूप में विकसित होने देना चाहिए।

एक समय था जब 16 वीं सदी में ब्रिटेन में जातीय बाज़ार विकसित हुआ तो उसी वजह से लंदन में बोली जाने वाली बोली साहित्य एवं बोलचाल की भाषा के रूप में विकसित हुई। यह अंग्रेज़ी थी। यहाँ यह भी संकेत कर दूँ कि अंग्रेज़ी के विकास से पूर्व ज्ञान-विज्ञान की भाषा लैटिन थी और लोगों के लिए यह कल्पना करना भी मुश्किल था कि ज्ञान-विज्ञान का माध्यम अंग्रेज़ी भाषा भी हो सकती है। यानी भाषा के इस्तेमाल ने उसे नए-नए आयाम दिए। आज कमोबेश यही सोच हिंदी तथा अन्य तमाम भारतीय भाषाओं को लेकर है। हम यह भी जानते हैं कि ज्यों-ज्यों लंदन बाज़ार का प्रभुत्व दूसरी जगहों पर बढ़ता गया, त्यों-त्यों अंग्रेज़ी भाषा का वर्चस्व भी। उपनिवेशों की स्थापना और वहाँ कामकाज चलाने के लिए अंग्रेज़ी को जिस तरह लादा गया, उसे हम सब जानते हैं। यहीं से राष्ट्र दो फाड़ों में दिखने लगता है। एक छोटा-सा फाड़ अंग्रेज़ी दां लोगों का जिनके हाथ में सत्ता केंद्रित थी। व्यापार भी संचालित करने की क्षमता थी और दूसरा बड़ा फाड़ जनता का था। ऐसे में जिस तरह के राष्ट्र का निर्माण हुआ, वह हमारे सामने है।

आज जिस राष्ट्र की कल्पना हम करते हैं, उसमें भी दो फाड़ साफ हैं। एक ओर सत्ता, नौकरशाह और बड़ा व्यापारी वर्ग है और दूसरी ओर आम जनता तथा छोटे-मोटे दुकानदारों का वर्ग।

भाषा के आधार पर जिस जातीय अस्मिता की पहचान और उस पर जो गौरव अनुभव होना चाहिए, वह अब भी उन लोगों में नहीं है, जिनके हाथों में राष्ट्रनिर्माण के सूत्र हैं। आज भी सत्ता और जन के बीच में खाई है। इस खाई को राजनीतिक एवं आर्थिक आधारों पर ही पाटा जा सकता है। आज जब हमारे प्रधानमंत्री संयुक्त राष्ट्र संघ या विदेशों की यात्रा पर हिंदी बोलते दिखते हैं, तो राष्ट्रीय-अस्मिता के प्रति मन में एक गौरव का भाव जगता है। राजनीतिक स्तर पर इस प्रक्रिया को और तेज़ करने की ज़रूरत है।

दूसरी बात जो उभरकर सामने आई है, वह है उन लोगों के हाथों में बढ़ती

हुई क्रय-शक्ति जो रोज़मर्रा के कामों में अपनी भाषा का इस्तेमाल करते हैं, इसलिए बहुराष्ट्रीय कंपनियाँ भी अपना माल बेचने के लिए जन-भाषा में ही लोगों तक पहुँचने के लिए बाध्य हैं।

सभी भारतीय भाषाओं में छपने वाले समाचार-पत्रों एवं पत्रिकाओं की संख्या, उनके प्रचार-प्रसार में जो वृद्धि हुई है, वह भी इस दिशा की ओर स्पष्ट संकेत करते हैं कि हम अंग्रेज़ी को एक भाषा के रूप में भले ही स्वीकार कर लें, यह भाषा हमारी रगों में दौड़ते खून का हिस्सा नहीं हो सकती।

यहाँ मैं एक बात और भी संकेत करना चाहता हूँ कि हम राष्ट्र-निर्माण के संदर्भ में भाषा के विकास की बात तो करते हैं लेकिन विचार के विकास एवं उसके द्वंद्वात्मक रिश्तों की बात नहीं करते। प्रायः हम विचार आयात कर लेते हैं और उसके साथ ही आ जाती हैं उससे जुड़ी अवधारणाएँ और शब्द-संपदा। विचारों का अनुवाद तो नहीं होता, लेकिन शब्दों के अनुवाद में जुटकर विचार को विकसित होने से रोक देते हैं। सिद्धांतों का निर्माण सामाजिक एवं राजनीतिक उथल-पुथल से होता है। राष्ट्र का निर्माण इन्हीं उथल-पुथलों का नतीजा होता है। भूमंडलीकरण के चक्कर में जब अवधारणाएँ फ्रांस, अमेरिका या ब्रिटेन से लाकर यहाँ रोप दी जाती हैं तो उसका फल कुछ बेढंगा ही होता है। अवधारणाओं की कलम लगा कर उस पर अपनी चश्म चढ़ाना हम प्रायः भूल जाते हैं।

आज हम यह भी देखते हैं कि राष्ट्र-निर्माण की प्रक्रिया में दलित, आदिवासी तथा नारी आंदोलन का बड़ा हिस्सा अपनी-अपनी भाषा में ही बात कर रहा है। यह एक बेहतर प्रक्रिया है। संभवतः इसी संघर्ष से हम अपनी भाषाओं की शक्ति को पहचानें और उसे इस्तेमाल करके राष्ट्र-निर्माण की प्रक्रिया के साथ अर्थपूर्ण तरीके से जोड़ें।

आज़ादी के बाद का हिंदी साहित्य

आज़ादी से पहले के हिंदी साहित्य की तीन प्रमुख प्रवृत्तियाँ बिल्कुल साफ हैं। पहली प्रवृत्ति है साहित्य का राष्ट्रीय एवं सांस्कृतिक स्वरूप। आज़ादी से पहले निशाना साफ था, दोस्त और दुश्मन भी साफ थे। किसका विरोध करना है किससे दोस्ती—यह भी साफ था, इसलिए आज़ादी-पूर्व के साहित्य में एक बड़े हिस्से खासकर कविता और नाटकों में राष्ट्रीय एवं सांस्कृतिक चेतना के स्वर प्रमुख रहे। अपनी अस्मिता को पहचानने की कोशिशें भी होती रहीं। दूसरी प्रवृत्ति को हम व्यक्ति के स्तर पर देख सकते हैं। इस प्रकार के साहित्य में व्यक्ति से व्यक्ति के रिश्तों, उसके दुःख और दर्द और उसकी तकलीफें और खुशियाँ पकड़ने और बाँटने की कोशिशें प्रतिध्वनित हुईं। कविता में इस तरह की धारा मौजूद थी, लेकिन कथा-साहित्य में यह प्रवृत्ति गहरे स्तर पर झलकती रही। तीसरी प्रमुख प्रवृत्ति हम वर्ग-व्यक्ति और उसके द्वंद्वात्मक रिश्तों की पहचान, उसके संघर्ष की दास्तान, उसकी आशाएँ, उसके स्वप्न और उसके टूटन की मान सकते हैं। इकाई और समूह के संघर्ष को रेखांकित करने वाली कृतियाँ सामने आईं, जिनमें अधिकतर समूह के पक्ष में इकाई के विगलन को ही महत्त्वपूर्ण माना गया है। यह प्रवृत्ति कमोबेश आज़ादी के बाद के साहित्य में भी दिखती है।

इस संक्षिप्त-सी पूर्व पीठिका के बाद हम आज़ादी के बाद के हिंदी साहित्य पर नज़र डालें तो परिदृश्य साफ तौर पर बदलता हुआ दिखाई देता है। साहित्य शून्य से जन्म नहीं लेता और साहित्य मात्र समाज का दर्पण नहीं होता, वह समाज के अंदर की हलचलों को भी पकड़ता है, वह व्यक्ति और समाज के रिश्तों की पड़ताल भी करता है, वह समाज में अंतर्निहित कमज़ोरियों को भी रेखांकित करता है। वह व्यक्ति को भी आईना दिखाता है। वह सामाजिक और राष्ट्रीय होने के साथ-साथ वैश्विक भी होता है।

हिंदी साहित्य सचमुच सामाजिक एवं राष्ट्रीय चिंताओं, संघर्षों और हितों को लाँघ कर आज़ादी के बाद ही वैश्विक हुआ है। यह प्रक्रिया जटिल रही है। आज़ादी

के बाद का साहित्य जहाँ राष्ट्रीय अर्थों में 'स्थानीय' रहा है, वहीं उसने वैश्विक स्तर पर होती हलचलों को भी पकड़ा है, उससे प्रभावित हुआ है।

आज़ादी के आसपास अँगड़ाई लेती साहित्यिक युवा-पीढ़ी के सामने दो महायुद्धों की विभीषिकाएँ थीं। सीधे तौर पर न सही, लेकिन परोक्ष स्तर पर उसका असर था। युद्ध की भयावहता को उसने पहचाना, दूसरी ओर विभाजन के साथ ही घटी सांप्रदायिक त्रासदी की तो वह चश्मदीद गवाह ही थी। इसलिए कोई आश्चर्य नहीं था कि इस पीढ़ी को संयुक्त राष्ट्र संघ द्वारा प्रदत्त मानव-स्वातंत्र्य, मानव-स्वाभिमान और मानव-अस्मिता जैसे मूल्य बहुत आकर्षक लगे। एक तरफ तो वैश्विक स्तर पर मानव-मूल्यों की पहचान और रक्षा की बातें हो रही थीं, तो दूसरी ओर अपने ही देश में पुनर्निर्माण की प्रक्रिया शुरू हो गई थी। नेहरू और पटेल के दृष्टिकोण और संघर्ष सामने थे, लेकिन अंततः नेहरू के प्रजातांत्रिक समाजवादी मानवीय मूल्यों ने साहित्यकारों पर गहरा असर डाला। इससे हमारे साहित्य का चेहरा बदला। राष्ट्रीय-चेतना की जगह मानवीय चेतना ने ली। नेहरू स्वप्न द्रष्टा भी थे और स्वप्न जीवी भी। साथ ही वे एक बड़े बुद्धिवादी भी थे। कुल मिलाकर उनके व्यक्तित्व ने लेखकों, कलाकारों एवं बुद्धिजीवियों को प्रभावित भी किया और प्रेरित भी। इसीलिए आज़ादी के बाद के साहित्य में 'मनुष्य' केन्द्र में आया। समाज और राज्य के साथ उसके रिश्तों की पड़ताल होने लगी। पचास के आसपास की कविता इस बात की गवाह है। उस समय की बहसें भी गवाह हैं कि छायावादी रोमानवाद की जगह नव्य रोमानवाद ने ली, लेकिन साहित्य में यथार्थ का स्वरूप गहरे स्तर पर आने लगा। इस यथार्थ की व्याख्याएँ अलग-अलग तरीके से होने लगीं, लेकिन मुख्यतः मार्क्सवाद से प्रभावित दृष्टिकोण एक तरफ, तो दूसरी ओर गाँधीवाद से प्रभावित दृष्टिकोण। इन्हीं के बीच तीसरा दृष्टिकोण विदेशी लेखकों से प्रभावित हुआ। इसमें नीत्शे, कामू, काफ्का, सार्त्र और कीर्कगार्द ने एक नई व्यक्तिवादी पीढ़ी को जन्म दिया। तो एक तरफ घोर व्यक्तिवाद, अस्तित्ववाद और दूसरी ओर घोर भौतिक द्वंद्ववाद। इन दोनों अतियों ने हिंदी साहित्य पर असर डाला। यह भी रेखांकित करना अनुचित न होगा कि इन दो अतिवादों के बीच भी एक राह थी, जो स्थितियों को स्थितियों के रूप में ही रखने की हामी थी। उस पर वह किसी वाद को चिपकाना नहीं चाहती थी, लेकिन परोक्ष स्तर पर प्रभाव तो आते ही हैं।

साहित्य को न तो हम सामाजिक हलचलों से काट सकते हैं न राजनीतिक। आर्थिक दबाव भी अपनी भूमिका का निर्वाह अपनी तरह से करते हैं। राजनीतिक दृष्टि से देखें तो 60 से पहले ही भाई-भतीजावाद पनपने लगा था, भ्रष्टाचार के स्वर सुनाई देने लगे थे। लेखक और कलाकार तो नेहरू के समाजवादी यूटोपिया से प्रभावित थे, साथ ही वे चीन की क्रांति भी देख चुके थे और पुनर्निर्माण की प्रक्रिया भी। वे इस तरह की बातों से सचमुच आहत हुए, लेकिन असली झटका तो उन्हें सारे

देश के साथ-साथ सन् 62 में चीनी हमले से ही लगा।

लेखक साहित्य में मनुष्य की चिंताओं से आक्रांत थे। नई कविता के दौर में बहसें लघुमानव बनाम महामानव बनाम सहजमानव पर केंद्रित हो गई थीं। इन बहसों का घटाटोप इतना था कि साहित्य में उभरी यथार्थवादी आंचलिकता पर लोगों का ध्यान ज़रा देर में गया। पर जब गया तो आंचलिक साहित्य ने एक प्रवृति को नहीं, बल्कि पूरी धारा को जन्म दिया। बात चीनी हमले की चल रही थी। 62 में पूरे देश के साथ-साथ सभी लेखकों, कलाकारों, चिंतकों, विचारकों एवं बुद्धिजीवियों का भी मोहभंग हुआ। मोहभंग हुआ आज़ादी के बाद बनने वाले भारत के सुनहले भविष्य से, मोहभंग हुआ 'रामराज्य' की कल्पना से, मोहभंग हुआ पुनर्निर्माण के प्रक्रिया और दिशा से, मोहभंग हुआ राजनेताओं से और नेहरू के यूटोपियाई समाजवाद से। यह एक तरह से नेहरू युग का अंत था और हिंदी साहित्य में नए तरह के साहित्य के आने की तैयारी थी। इसमें केवल भारत में ही नहीं, वैश्विक स्तर पर होने वाली हलचलों ने भी हिंदी साहित्य पर असर डाला। फ्रांस में हुआ छात्र-विद्रोह, प्राग् में दबा दिया गया जन-मानस का विद्रोह, क्यूबा में दो महाशक्तियों—अमरीका और रूस का आमना-सामना, वियतनाम की लंबी लड़ाई और पश्चिमी लेखकों के लेखन से बढ़ते हुए रिश्तों से हिंदी साहित्य में अलग तरह का दौर शुरू हुआ। कविता की जगह नई कविता की तर्ज़ पर कहानी की जगह नई कहानी आ गई। कथा की जगह स्थिति ने ली, बाह्य यथार्थ की जगह आंतरिक यथार्थ महत्त्वपूर्ण हुआ, चरित्रों में उदात्त तत्त्व को ग़ैर-ज़रूरी मानते हुए चरित्र की वस्तुगत बुनावट को पकड़ा गया। कविता में भी 'आत्मगत' दृष्टिकोण के बजाय 'वस्तुगत' दृष्टिकोण हावी हुआ। मूल्यों के साथ आदर्श शब्द ही मूल्यहीन हो गया। कतिपय लेखकों ने तो मूल्यहीनता को भी एक मूल्य के रूप में स्वीकार किया। एक आक्रामकता ने साहित्य में जन्म लिया। आक्रामक स्थितियों, आक्रामक भाषा, आक्रामक मुहावरा। यानी टूट-फूट। अब लेखक के पास कोई स्वप्न नहीं था, इसलिए वह पाठक को कोई स्वप्न दे भी नहीं रहा था। उसने लेखक और आम आदमी के बीच पैदा किए गए भेद को अव्यावहारिक माना और आम आदमी की ही तरह भाषा बोलने लगा। टूटे हुए मूल्यों में जीने लगा। अपने वैशिष्ट्य को छोड़कर आम आदमी की ही जमात में शामिल हो गया। लेकिन यह दौर बहुत दूर तक नहीं चला।

साहित्य में सन् 70 के आसपास फिर मनुष्य पर बहस होने लगी। एक नए तरह के उग्रवाद के रूप में नक्सलवाद पनपा तो दूसरी ओर नरम रुख रखते हुए जनवाद। इन दोनों ने ही हिंदी साहित्य को सामाजिक दिशा दी। राज्य से लेखक एवं लेखन के रिश्तों को पुनर्भाषित किया गया। राज्य के दमनकारी और शोषणकारी रूप को चुनौती देते हुए रचना होने लगी। इस दौर की कविता, कहानी, नाटक, व्यंग्य आदि में व्यक्ति की तकलीफ़ों को पकड़ा गया है। विद्रूप की जगह व्यंग्य आ गया

है। राज्य की उपेक्षा करते हुए कवि फूल और चिड़िया जैसे कोमल बिंबों की ओर लौटा। सामाजिक सरोकारों की नए सिरे से पहचान करने लगा। परिवार के संबंधों को साहित्य रेखांकित करने लगा। बच्चा, पत्नी, पिता, माँ, बेटा कविता के विषय बन गए। घृणा की जगह प्रेम स्थापित हुआ।

सन् 80 के बाद से आज तक के परिदृश्य को हम साहित्य का मौजूदा परिदृश्य कह सकते हैं। इससे पूर्व साहित्य विशेषकर कविता में कभी आवेग केंद्र में रहा था तो कभी विचार, लेकिन यह दौर सिंथेसिस का दौर है। इस दौर में पहले से बीज रूप में मुक्त कविता को एक संतुलित एवं विकसित रूप में देखा जा सकता है।

आज़ादी के बाद और खासकर पिछले दस-बारह सालों में दलित-साहित्य का हिंदी में उदय एक महत्त्वपूर्ण घटना है। इससे पूर्व दलितों या पिछड़े वर्गों पर लिखा गया है, लेकिन उस लेखन में आत्मानुभव की कमी है इसलिए या तो उसमें एक दया का भाव है या सहानुभूति का या करुणा का। संवेदना के स्तर पर रचना नहीं हुई। लेकिन इधर दलितों द्वारा ही लिखा गया जो दलित साहित्य सामने आया है और आ रहा है, वह आक्रामक रूप में है, लेकिन यह आक्रामकता दिशाहीन नहीं है। उनके पास निशाना है। प्रश्न यहाँ यह ज़रूर है कि दलित साहित्य के नाम पर आने वाले 'कुछ भी' को साहित्य स्वीकार किया जा सकता है या नहीं। उसके मूल्यांकन के औज़ार वही होंगे, जो हमारे पास हैं या कि उसके लिए अलग औज़ारों की तलाश करनी पड़ेगी। जो भी हो, पर यह तो सच है कि दलित साहित्य ने साहित्य पर सवर्णों के वर्चस्व और उनके द्वारा बनाए गए पैराडाइम की चूलें हिला दी हैं।

इसी तरह से आज़ादी के बाद ही महिला-लेखकों द्वारा लिखा गया साहित्य भी बड़ी मात्रा में सामने आया है और उन्होंने पुरुषवादी दृष्टिकोण को जगह-जगह चुनौती दी है और अपनी तरह से स्त्री-पुरुष संबंधों, स्त्री और समाज के संबंधों तथा स्त्री और परिवार के संबंधों की पड़ताल की है।

कहने को तो कह दिया जाता है कि मीडिया के इस युग में शब्द मर रहा है, लेकिन सच यह है कि हम चाहे किसी भी साहित्यिक विधा को लें, हर विधा ने उत्तरोत्तर विकास किया है। कुछ लोगों के लिए समय किसी बिंदु पर ठहर जाता है और उन्हें उस बिंदु के बाद न तो साहित्य नज़र आता है और न ही कोई लेखक। ऐसे लोगों की बात क्या करें!

मेरी विनम्र धारणा यह है कि चाहे कविता हो या नाटक, कहानी हो या उपन्यास—इनमें चुनौती भरी रचनाएँ हुई हैं। व्यंग्य ने तो आज़ादी के बाद ही एक विधा के रूप में अपने-आप को स्थापित किया है। नाटकों ने हमेशा नए-नए प्रश्न हमारे सामने रखे हैं।

एकांकी की जगह पहले बीज नाटकों और बाद में लघु नाटकों ने ली। साथ ही नाटकों में विभिन्न लोक-नाट्य-शैलियों का इस्तेमाल होने लगा। कविता में

लंबी-कविता एक सशक्त एवं सार्थक माध्यम के रूप में उभरी और स्थापित हुई। देशी-विदेशी रचनाओं विशेषकर कविता और नाटकों के अनुवादों की परंपरा बनी। इस तरह से भारतीय भाषाओं में हिंदी साहित्य की लिंक-भाषा के रूप में स्थापित हुई। दुःखद बात यह है कि आज़ादी के बाद अगर हम अपवादस्वरूप दो-एक आलोचकों को छोड़ दें तो विधा के रूप में हिंदी आलोचना और हिंदी निबंध अभी भी अविकसित हैं।

हिंदी साहित्य में राष्ट्रीय स्वर

राष्ट्रीयता या राष्ट्र-प्रेम एक ऐसा गुण है, जो हर युग के साहित्य में किसी न किसी रूप में विद्यमान रहता है, लेकिन उसके कारक और उसकी अभिव्यक्ति के तरीकों में कुछ न कुछ तब्दीली आती रहती है। आधुनिक काल यानी सन् 1850 के बाद गद्य के प्रादुर्भाव से पूर्व हिंदी साहित्य का इतिहास कविता का ही इतिहास है। इस पर नज़र डालें तो सन् 1000 के आसपास कविता में राष्ट्रीयता जिस रूप में थी, वह अंग्रेज़ों के राज्यकाल में बिल्कुल बदल गई। सन् 1000 से सन् 1350 का समय सामंतों का समय था। वे अपने-अपने राज्य-विस्तार और वर्चस्व के लिए लड़ते रहते थे और जो भी कवि अपने आश्रयदाता की प्रशंसा करता, उसकी वीरता के गुणगान करता, उसके चरित्र को बखानता तथा उसे ही दुनिया का सर्वश्रेष्ठ नायक मानता, उस कवि की कविताओं पर राष्ट्रीयता की मोहर लगा दी जाती थी। वस्तुतः ऐसे ही कवि कालांतर में चारण कवि या भाट कवि बने। लेकिन चंदबरदाई या नरपति नाल्ह जैसे कवि जिनकी दृष्टि थोड़ी उदार थी, इसलिए उनमें प्रशस्ति-गान के साथ-साथ राष्ट्रीयता का गहरा बोध भी था। सन् 1350 एवं 1700 के बीच भक्ति-अंदोलन का उदय हुआ। उस कविता में राष्ट्रीय-भावना की अभिव्यंजना मिलती है। थोड़ा और आगे बढ़ें तो भूषण की कविता क्योंकि मुग़ल-सल्तनत के खिलाफ लड़ रहे शिवाजी और दूसरे योद्धाओं के शौर्य की कविता थी तो उसमें राष्ट्रीयता देखना ज़्यादा आसान हो गया।

राष्ट्रीयता केवल शौर्य का गुणगान ही तो नहीं, देश की नदियों, पहाड़ों, वनस्पतियों और रीति-रिवाजों से प्रेम करना, उनके बारे में भिन्न दृष्टिकोणों से लिखना भी तो राष्ट्रीयता है। इस दृष्टि से देखें तो अपने शृंगारिक रुझान के बावजूद बिहारी, बोधा, ठाकुर आदि कवियों के अनेक दोहे ऐसे मिलेंगे जिनमें राष्ट्रीयता-बोध या अलग स्तर दृष्टिगोचर होता है।

वस्तुतः राष्ट्रीयता का उदय राष्ट्र की परिकल्पना के साथ ही होता है। मौर्य-साम्राज्य से लेकर गुप्त-साम्राज्य तक राष्ट्र की और राज्य की परिकल्पना रही है। हालाँकि तब भी छोटे-छोटे जनपद अपनी भूमिका का निर्वाह अलग तरह से करते थे, लेकिन कुल मिलाकर वे एक राष्ट्र को ही समर्पित होते थे, इस तरह की अभिव्यक्ति जयशंकर प्रसाद ने अपने नाटकों में की है। पर तब देशी और विदेशी का द्वंद्व कवि के सामने नहीं था।

सन् 1857 के बाद भारत में अंग्रेज़ों ने जिस तरह से अपना राज्य स्थापित किया, उसके बाद राष्ट्रीयता का भाव ज़्यादा बढ़ा। यह सच है कि भारत कभी भी एक-सूत्र में इतना बड़ा देश नहीं रहा, जितना बड़ा अंग्रेज़ी राज्य के दौर में हुआ, लेकिन यह भी सत्य है कि भारत की भू-संपदा, रीति-रिवाजों और संस्कृति का इतना क्षय भी पहले कभी नहीं हुआ। इस काल में एक तरफ भारत की द्रविड़ संस्कृति थी तो दूसरी ओर आर्य-संस्कृति का वर्चस्व बढ़ा। मुग़लों की अपनी सामाजिक परंपराएँ स्थापित हो चुकी थीं तो शक-हूण आदि जातियों के वंशज भी भारत की उत्तर-पूर्वी सीमा पर अपने पाँव जमा चुके थे।

अंग्रेज़ों ने न केवल भारत की संपदा का क्षय किया, बल्कि जातीय एवं धार्मिक सौहार्द के संतुलन को भी गड़बड़ा दिया। ऐसे में कवियों, लेखकों एवं विचारकों के मन में क्षोभ पैदा होना स्वाभाविक था और वह हुआ भी। दक्षिण में जहाँ सुब्रह्मण्यम भारती की कविताओं ने एक राष्ट्रीयता का बिगुल अपनी कविताओं में बजाया तो उत्तर में भारतेंदु हरिश्चंद्र ने इसकी शुरुआत यह कहकर की—

अंग्रेज़ राज सुख साज, सबै विधि भारी
पै धन विदेश चलि जात, यहै है ख्वारी॥

भारतेंदु से लेकर दिनकर तक सभी कवियों ने अपनी कविताओं में राष्ट्रीयता-बोध को जगा दिया। 1925 में जब मैथिलीशरण गुप्त की 'भारत-भारती' छप कर आई तो कहा जाता है कि उसमें राष्ट्रीयता के भाव की अभिव्यंजना के कारण अंग्रेज़ी सरकार ने उसे ज़ब्त कर लिया, फिर भी यह संदेश तो जन-जन तक पहुँच ही गया—

हम कौन थे, क्या हो गए और होंगे क्या अभी?...
आओ सब मिलकर विचारें, यह समस्याएँ सभी॥

यानी अपनी अस्मिता की पहचान, अपनी सभ्यता और संस्कृति की पहचान, अपनी परंपरा और अपने उदात्त मूल्यों की पहचान करना कविता का लक्ष्य बन गया। इस उत्कट अभिलाषा का परिणाम यह हुआ कि हिंदी में एक अलग काव्यधारा ने ही जन्म ले लिया, जिसे हम राष्ट्रीय सांस्कृतिक चेतना काव्य-धारा के नाम से जानते है। इस धारा को प्रतिष्ठित करने और एक गरिमा देने का श्रेय आचार्य महावीर प्रसाद द्विवेदी को जाता है। यही वह काव्य-धारा है, जिसने हिंदी साहित्य को बालकृष्ण

शर्मा नवीन, नरेंद्र शर्मा, माखनलाल चतुर्वेदी, मैथिलीशरण गुप्त, सियाराम शरण गुप्त, रामधारी सिंह दिनकर, श्रीधर पाठक, अयोध्यासिंह उपाध्याय हरिऔध, सोहनलाल द्विवेदी और सुभद्राकुमारी चौहान जैसे कवियों को जन्म दिया। 'खूब लड़ी मर्दानी वह तो झांसी वाली रानी थी' बच्चे-बच्चे की ज़बान पर आ गई और माखनलाल चतुर्वेदी की कविता—एक फूल की चाह—

'मुझे तोड़ लेना बनमाली
उस पथ पर तुम देना फेंक
मातृभूमि पर शीश चढ़ाने
जिस पथ जाएँ वीर अनेक'

जैसी काव्य-पंक्तियों ने हर भारतवासी में राष्ट्रीयता को गहरा दिया या फिर दिनकर की यह पंक्तियाँ—

डरपोक हुकूमत जुल्मों से लोहा जब नहीं बजाती है
हिम्मतवाले कुछ कहते हैं तब जीभ तराशी जाती है।

इन कवियों ने केवल उद्‌बोधन ही नहीं दिया, बल्कि धर्म और जाति के नाम पर होने वाले अन्याय के खिलाफ भी जम कर लिखा है। दिनकर की 'रश्मिरथी' का कर्ण जाति-वाद के नाम पर होने वाले अन्याय के खिलाफ लड़ने की ही एक मिसाल है। निराला की राष्ट्रीयता पूँजीवादी-व्यवस्था में पिस रहे सर्वहारा वर्ग के पक्ष में बोलती है, उनकी कविता 'अबे गुलाब', 'तोड़ती पत्थर', 'कुकुरमुत्ता', इसके उदाहरण हैं। मैथिलीशरण गुप्त का राष्ट्र-प्रेम तो इतना प्रबल है कि वे बार-बार देवताओं का आह्वान करते हुए उन्हें चुनौती देते हैं कि हमारा देश तुम्हारे स्वर्ग से ज़्यादा सुंदर है और सचमुच देवता ऐसी धरती से ईर्ष्या करने लगते हैं।

सन् 1920 के आसपास कविता में महीन-बुनावट आने लगी जिसे हम छायावाद के नाम से जानते हैं, लेकिन इसमें भी राष्ट्रीयता का बोध अपनी सांस्कृतिक विरासत के साथ प्रकट हुआ। इस काल में कवियों ने मिथकों एवं परंपराओं को पुनर्व्याख्यायित किया है।

जयशंकर प्रसाद के तमाम नाटक—चाहे वह चंद्रगुप्त हो या स्कंदगुप्त, अजातशत्रु हो या जनमेजय का नागयज्ञ—सभी का मूल स्वर राष्ट्रीयता ही है। उन्हीं के शब्दों में—

अरुण यह मधुमय देश हमारा
जहाँ पहुँच अनजान क्षितिज को
मिलता एक सहारा।

यही तो है हमारी परंपरा, आतिथ्य। पूरी आस्था के साथ। राष्ट्रीयता का यह बोध भारतेंदु हरिश्चंद्र, प्रतापनारायण मिश्र और हरिकृष्ण प्रेमी के नाटकों में भी मौजूद है। कविता और नाटक में तो राष्ट्रीय-भावना का अंकन हुआ ही है, साहित्य की

दूसरी विधाओं में भी लेखकों ने अपने-अपने तरीके से इसे अभिव्यक्त किया है। प्रेमचंद की रंगभूमि का सूरदास गाँधीवाद से ही प्रभावित है तो प्रसाद की कहानी पुरस्कार मात्र प्रेमकथा न होकर राष्ट्रीयता-बोध को भी जगाती है। उनकी आकाशदीप भी इसी तरह की एक कहानी है।

बीसवीं सदी के पूर्वार्द्ध में उदित रचनाकारों के सामने स्वतंत्रता का एक लक्ष्य था और इस भाव को उद्बुद्ध करने वाली रचनाओं को ही राष्ट्रीयता के लिए रेखांकित किया गया, लेकिन बाद की रचनाओं में इसका स्वरूप बदला है।

बाद के कवि-लेखकों के सामने प्रश्न आज़ादी का नहीं, बल्कि उसके उपयोग का था। प्रश्न यह था कि क्या आज़ादी का लाभ जन-जन तक पहुँच रहा है या नहीं! देश का विकास किस गति से हो रहा है और उस विकास के लाभ सब तक पहुँच रहे हैं या नहीं! अब प्रश्न बदल गए थे। मानव-मूल्य के बाद मानवाधिकार बड़ा प्रश्न बन गया। धार्मिक कट्टरतावाद, जातिवाद तथा आर्थिक वैषम्य के कारण पैदा हुए सामाजिक एवं राष्ट्रीय असंतुलन लेखकों के लिए चिंता का विषय बने और यह असंतुलन तथा इससे पैदा क्षोभ एवं आक्रोश भी साहित्य का विषय बन गया। सन् 50 एवं 60 के बाद के हिंदी साहित्य में अभिव्यक्त राष्ट्रीयता का स्वरूप वह नहीं है, जो द्विवेदीकाल में था। तब दुश्मन की पहचान थी और राष्ट्रीयता के कुछ तय घटक हमारे सामने थे, लेकिन अब दुश्मन की पहचान करना मुश्किल हो गया और राष्ट्रीयता के घटक भी बदले।

आज के हिंदी साहित्य में राष्ट्रीयता-बोध राष्ट्र के प्रति चिंता है। जो असंतुलन है, उनसे कैसे निपटा जाए, यह आज की राष्ट्रीयता है। इसी तरह का बोध हमें मुक्तिबोध या रघुवीर सहाय की कविताओं में मिलता है। ऐसा ही बोध हमें अमरकांत या ज्ञानरंजन में मिलता है। ठीक ऐसा ही बोध हमें नरेंद्र मोहन के नाटकों में मिलता है। शंकर शेष का 'कोमल गांधार' हो या विनय का 'एक प्रश्न मृत्यु' वे ऐसी ही राष्ट्रीयता की ओर संकेत करते हैं।

कुल मिलाकर कहा जा सकता है कि हिंदी साहित्य की विभिन्न विधाओं में अभिव्यक्ति राष्ट्रीयता की अंतर्धारा एक होते हुए भी उसकी अभिव्यक्ति के तरीके और प्रतीक बदलते रहे हैं।

पंजाबी भाषा और साहित्य

पंजाब का नाम सुनते ही मन में उल्लास जगता है। पंजाब के लोग, पंजाब के रीति-रिवाज, पंजाब की नदियाँ, पंजाब की मिट्टी, फसलें और कारखाने, पंजाब के लोक-गीत और पंजाबी सूरमा।

वो पंजाब, जहाँ विश्व के प्राचीनतम ग्रंथ ऋग्वेद की रचना हुई। वो पंजाब जहाँ से वेदों की ऋचाओं का प्रकाश पूरे विश्व में फैलना शुरू हुआ। वो पंजाब जो भारत की रक्षा के लिए हमेशा प्रहरी बना उसी पंजाब की धरती पर बसे लोगों की भाषा है पंजाबी।

पंजाबी अपने नाम के अनुरूप बता देती है कि मैं वह भाषा हूँ जिसे पंजाब के लोग अपने दुःख, सुख, प्रेम, घृणा, मान-मुटव्वल, वीरता और भय, किसी भी मनोभाव को अभिव्यक्त करने के लिए इस्तेमाल करते हैं।

पंजाबी में ही वारिस शाह ने हीर की काफियों की सर्जना की, पंजाबी में ही शेख फरीद के सूफी काव्य की दोहों और श्लोकों में रचना हुई, पंजाबी में ही भाई वीर सिंह ने पंजाबियत को एक नई पहचान दी, पंजाबी में ही वैण हुए, शिवकुमार बटालवी ने पंजाब के धड़कते, दहकते दिलों की संवेदना को पकड़ा।

अमृता प्रीतम ने पंजाबी साहित्य को प्रतीकात्मकता दी, तो अजीत कौर ने खुलापन। हरभजन सिंह ने इसे ज्ञान-दर्शन से जोड़ा तो मनजीत टिवाणा ने आज की नारी की पीड़ा को बड़ी बारीकी से पकड़ा।

इसी पंजाबी भाषा के जन्म को लेकर अभी भी सभी विद्वान एकमत नहीं। खोज अभी भी जारी है। पर सन् 1932 में पंजाब विश्वविद्यालय द्वारा स्थापित एक खोज कमेटी की रिपोर्ट को हम अपना आधार बना सकते हैं।

इस रिपोर्ट में पंजाबी को इंडो-एरियन भाषाओं में से निकली सबसे पुरानी बोली माना गया है। बुद्ध और महावीर के समय में लिखित ग्रंथों में इस बोली का उत्स मौजूद है। बौद्ध धर्म ग्रंथ 'धम्मपद', जैन साहित्य तथा कालिदास के शकुंतला

आदि नाटकों में पंजाबी के अनेक शब्द मिलते हैं।

वर्तमान पंजाबी का पहला रूप सिद्धों व नाथों की रचनाओं में मिलता है। एक मत के अनुसार इसी समय यानी नौवीं-दसवीं शताब्दी में ही पंजाबी साहित्य की सर्जना शुरू हो गई थी। लेकिन पंजाबी भाषा का पहला प्रामाणिक कवि फरीद वाकर गंजी को ही माना जाता है। बाबा फरीद का जन्म 1173 ई. में हुआ और वे 1266 ई. तक रहे।

पंजाबी भाषा में लिखे साहित्य की पहली सनद यही है। सूफी मत से प्रभावित बाबा फरीद की रचनओं में रूहानीपन और सदाचार का मिला-जुला रूप मौजूद है—कहते हैं।

रुक्खी सुक्खी खाके ठंडा पाणी पीउ
फरीद देख पराइयाँ चोपड़ियाँ, ना तरसाई जीउ।

बाबा फरीद की भाषा पर लहिंदी, मुल्तानी का काफी असर है। उनकी रचनाओं में भक्तिभाव तो है ही आदर्श जीवन की ओर उन्मुख होने की प्रेरणा भी है—

फरीद दर दरवाज़े जाइके क्या डिठे घड़ियाल
एह निदोसा मारिए, हम दोसा दा क्या हाल।

बाबा फरीद के काव्य की सर्जनात्मक शक्ति और वैचारिक आधार आज भी पंजाब के लोगों पर असर करता है।

समय बदला, हालात बदले, किताबों के सफे भी बदले। छोटे-छोटे राजपूतों की आपसी लड़ाइयों ने वार साहित्य को जन्म दिया। ठीक उसी तरह से जैसे हिंदी में रासो-साहित्य लिखा गया। 'टुंडे असराजे दीवार' 'वार मूसे दी' या 'सिकंदर बिराहम दी वार' आदि अनेक रचनाओं की सर्जना हुई।

इसी समय फुटकल लोक साहित्य की रचना भी हुई। लोक-गीतों और बुझारतों का दौर शुरू हुआ। बुझारतों में जैसे 'चूने गच कोठड़ी दरवाज़ा है ना' जवाब है अंडा।

शादियों के समय गाए जाने वाले गीत, घोड़ियाँ, सिट्ठणियाँ, या फिर मातम और वैण अलग-अलग रूपों में रचे जाने लगे। यह लोकगीत आज भी पंजाब के लोगों के जीवन का ऐसा हिस्सा है, जो उन्हें अपनी प्राचीन परंपरा से तो जोड़ता ही है, उनके मन के कोमल भावों, पारिवारिक रिश्तों की महक को भी प्रकट करता है।

शादी होते ही बेटी जब पति के घर जाने को तैयार होती है, तो उसकी डोली उठते ही प्रायः यह गीत सुनाई देगा—

साडा चिड़ियाँ दा चम्बा वे
बाबल असां उड्ड जाणां
साडी लमी उडारी वे
बाबल केहड़े देस जाणां

इसी के साथ माँ-बहनों, पिता-चाचाओं और मामों, सहेलियों और मोहल्ले के दूसरे लोगों की आँखों से गिरते आँसू उनके मन से विछोह के दुःख की परत को धो देते हैं।

लोक-साहित्य की सर्जना का सिलसिला अनवरत रूप से आज भी जारी है।

आइए अब वार-साहित्य के आगे की बात करें।

भक्ति युग या मध्यकाल को वस्तुतः पंजाबी भाषा के निखार का युग कहा जा सकता है। गुरु नानक, गुरु अर्जुनदेव और भाई गुरुदास की कविताओं का अपना ही रंग है।

निर्गुण ब्रह्म को मानने वाले इन संत कवियों ने राम और रहीम में कोई भेद नहीं समझा तो दूसरी ओर इन्होंने पुरानी धार्मिक-सामाजिक और साहित्यिक रूढ़ियों को तोड़ा।

यही वह समय था जब पंजाबी भाषा की लिपि गुरुमुखी का समुचित विकास हुआ। शोधकारों ने गुरुमुखी का उद्भव ब्राह्मी लिपि से माना है, क्योंकि 250 ई. पूर्व सम्राट अशोक द्वारा स्थापित किए गए शिलालेखों की लिपि के अनेक अक्षर गुरुमुखी से मिलते हैं। ब्राह्मी लिपि का आधार हड़प्पा और मोहनजोदड़ों की खुदाई से प्राप्त लिपियाँ हैं। जी. बी. सिंह के शोध ने सिद्ध किया है कि इस लिपि का प्रचलन गुरु नानकदेव जी के समय से बहुत पहले से था।

पंजाबी की पुरानी लिपियाँ लंडे या महाजनी शारदा और शकरी हैं तथा इन्हीं से धीरे-धीरे गुरुमुखी का विकास हुआ। गुरु नानकदेव और बाद में गुरु अंगद देव ने इसे व्यवस्थित रूप दिया।

गुरु-शिक्षा एवं जीवनवृत्तों के प्रचार के लिए गुरुघरों या गुरुद्वारों द्वारा इन्हें अपनाया गया। इसलिए इस लिपि का नाम गुरुमुखी पड़ा, जो बाद में प्रचलित हुआ और इसी नाम को सभी ने स्वीकार किया।

35 वर्णमाला वाली गुरुमुखी लिपि में लिखी जाने वाली पंजाबी भाषा में साहित्य का अपूर्व भंडार मौजूद है।

समय-समय पर युग की ज़रूरतों के अनुरूप रचनाकारों ने अपनी रचनाओं से इसे समृद्ध किया।

पंजाबी साहित्य में गुरु नानक जी को एक क्लासिकल कवि के रूप में स्वीकार किया गया है। जपुजी, तिन वारां, सिद्ध गोष्ठ, दक्खिणी ओंकार, पटी और बारा माह तुखारी उनकी प्रख्यात रचनाएँ हैं। गुरु नानक के साहित्य में निर्गुण भक्ति मार्ग का बहुत महत्त्व है तथा उनकी अनेक काव्य उक्तियाँ व्यक्ति के जीवन को प्रभावित करती हैं। जैसे : नानक दुखिया सब संसार या मन जीते जग जीत। ऐसी अनेक उक्तियाँ व्यक्ति को एक अतिरिक्त शक्ति देती हैं।

दूसरी ओर इस्लाम के भारत में आने से सूफी मत भी आया। यहाँ उस पर

भक्तिमत और वेदांत का प्रभाव पड़ा। इसी से प्रेरित कवि हुए बुल्लेशाह, शाहहुसैन, करमअली शाह तथा गुलाब जीलानी आदि। इन कवियों ने यों इश्क-मजाज़ी का रंग दिया, पर वस्तुतः यह इश्क-हक़ीकी की कविता थी। बुल्लेशाह जब कहता है :

रांझा रांझा कर दी नी, मैं आपे रांझा होई
सद्दो नी मैंनू धीदो रांझा, हीर ना आखो कोई

तो भाव एकदम स्पष्ट हो जाता है कि कवि कैसे द्वैत से अद्वैत तक की यात्रा करता है।

इश्क-हक़ीकी की इस कविता की सहज प्रतिक्रिया हुई। पंजाबी साहित्य में एक नए दौर की शुरुआत। इश्क-मजाज़ी का दौर शुरू हुआ।

हीर-राँझा, सोहनी-महिवाल, सस्सी-पुन्नू, मिर्ज़ा साहिबा और कामरूप के किस्से लिखे जाने लगे। इन कवियों की वर्णन शैली बड़ी आकर्षक है।

इन्होंने लोक जीवन की भाषा और लोक जीवन के रूपों से ही शक्ति प्राप्त की। दामोदर कवि का लिखा हुआ हीर का किस्सा सबसे पुराना माना जाता है।

लगता है दामोदर हीर-राँझा का समकालीन था। वह बार-बार लिखता है 'आख दामोदर मैं अखी डिठा'। बाद में वारिसशाह ने हीर लिखी। कहते हैं 35 वर्ष की आयु में ही उन्होंने यह लोकप्रिय सर्जना की। वारिसशाह खुद भागमरी नाम की लड़की से प्रेम करता था।

कहते हैं कि हीर-रांझा की प्रेम गाथा में उसने अपनी ही प्रेम-कथा को रूपायित किया। जो भी हो वारिसशाह उस्ताद कवि माने जाते हैं। हीर के सौंदर्य का वर्णन दिलचस्प है :

होठ सुर्ख, याकूत जिऊँ नाल चमकण
ठोडी सिउ वलायिती सार विचों
छंद चम्बे दी लड़ी कि हंस मोती
दाणे निकले हुसन अनार विचों
गरदन कूंज दी उंगलियां दवां, फलियां
हथ कूलड़े बरग चनार विचों
शाह परी दी भैण पंज फुल्ल रानी
गुझी रहे ना हीर हज़ार विचों।

वारिसशाह ने जहाँ हीर लिखकर लोगों के दिलों की धड़कनों को सुर दिए, वही हाशिम मे शीरीं-फरहाद, लैला-मजनूँ और सस्सी-पुन्नू के किस्सों को अपनी धुन में गाया।

उन्नीसवीं शताब्दी का मध्य काल यानी महाराजा रणजीत सिंह का समय। उनके दरबारी कवि शाह मुहम्मदशाह मुहम्मद ने पंजाबी कविता को एक नया आयाम दिया। देश-प्रेम का आयाम। पंजाब के लोग, पंजाब की धरती, पंजाब की परंपराएँ, पंजाब के सिपाही उन्हें सब प्रिय थे और उन्होंने सही अर्थों में देश-प्रेम की कविताएँ

लिखीं।

समय-रथ चलता रहा। साहित्य सृजन होता रहा। पंजाबी भाषा फलती-फूलती रही। विश्व में एक बड़ा परिवर्तन आया। पहले विश्वयुद्ध ने सभी कवियों, चिन्तकों और कलाकारों को प्रभावित किया।

युद्ध में बाहर गए पंजाबी सिपाहियों को दूसरों के जीवन में झाँकने का अवसर भी मिला। एक ओर तो ऐसे ही साहित्य की रचना हुई तो दूसरी ओर मनोरंजन प्रधान साहित्य रचा जाने लगा।

1918 में सिंह सभा की लहर ने ज़ोर पकड़ा। सिख-सभ्यता और सिख-मत का प्रचार इस आन्दोलन का लक्ष्य था। सो पंजाबी गद्य लेखन अपने निखरे हुए रूप में सामने आया।

इसके तुरंत बाद अकाली लहर का युग आया। अपनी सभ्यता, संस्कृति और संप्रदाय को सुरक्षित रखने का युग।

यही वह समय था जब आधुनिक पंजाबी साहित्य के सूत्रधार भाई वीरसिंह का साहित्यिक जीवन-शुरू हुआ। भाई मोहन सिंह वैद्य ने अपनी रचनात्मक क्षमता का परिचय दिया।

भाई वीरसिंह ने सिख-दर्शन एवं सिख-इतिहास को सरल-सीधी भाषा में पुनः सृजित किया। कविता और गद्य दोनों ही स्तरों पर उन्होंने पंजाबी साहित्य में क्रांति की। पहली बार पंजाबी में मुक्त-कविता आई। कवित्त, बैत, दोहे आदि का प्रयोग बंद हो गया। उन्होंने सिर खंडी छंद में 'राणा पूत सिंह' लिखी। 'बिजलियाँ दे हार लहरां दे हार' तथा 'मटक हुलारे' उनकी प्रमुख, रचनाएँ हैं।

उनकी सर्वाधिक प्रसिद्ध रचना 'मेरे सांईयां जीओ' को साहित्य अकादेमी ने पुरस्कृत किया।

उपन्यासों एवं कहानियों के माध्यम से मोहन सिंह वैद्य ने पंजाबी गद्य को एक नई चमक दी।

देश के स्वतंत्रता आंदोलन को तेज़ करने में भी पंजाबी साहित्य, विशेषकर कविता की भूमिका विशिष्ट रही है। ज्ञानी गुरमुख सिंह मुसाफिर हों या फिरोज़दीन अशरफ या फिर विधाता सिंह तीर, इन सभी के काव्य में देश प्रेम की अनुगूँज सुनाई देगी। साथ ही उन्होंने अंग्रेज़ नौकरशाही की मीन-मेख निकालने में भी कोई कसर नहीं छोड़ी।

जैसे कोई पक्षी अपने डैने फैलाकर समूचे आकाश को नाप लेना चाहता है, ठीक उसी तरह से पंजाबी साहित्य विभिन्न दिशाओं में एक साथ विकसित होने लगा।

कविता में गीतों के साथ-साथ ग़ज़लों का प्रचलन भी हो चला। सृजनात्मक गद्य लेखन के साथ-साथ शकुंतला और 'विक्रमोर्वशीय' जैसी नाट्यरचनाओं का अनुवाद भी हुआ।

आधुनिक पंजाबी साहित्य की नींव यों भाई वीरसिंह ने डाल दी, पर उसका विकास 1936 में प्रगतिशील साहित्यकारों के सम्मेलन के बाद और भी तेज़ी से होने लगा।

इस युग के शिवकुमार बटालवी के दर्द की थाह कौन पा सका है। एक ओर लोकगीतों की परंपरा की खुशबू और दूसरी ओर आधुनिक संवेदना और भावबोध को शिवकुमार ने अपनी रचनाओं में बखूबी पकड़ा और रंग दिया है, जिसे पंजाबियत का रंग कहा जाता है।

माए नी माए मैं इक शिकरा यार बणाया
ओहदे सिर ते कलगी, ते ओहदे पैरी झांझर
ते ओह चोग चुगींदा आया।
नी मैं वारी जां

या फिर उनका नाटक लूणा। एक भाव-भीनी प्रेम कहानी लूणा। गीतों में ढलती लूणा और गीतों में ढलता पूरण। जहाँ नानकसिंह जैसे लेखकों ने आधुनिक पंजाब के परिवेश में समकालीन समस्याओं को अपनी गद्य रचनाओं का केंद्र बनाया, वहीं लूणा में शिवकुमार ने एक पुरानी कहानी को काव्य-नाटक के रूप में आज के परिवेश में रखा। पूरण के व्यक्तित्व की पहचान आज के व्यक्ति के अस्तित्व का ही संकट है। नाटक का एक छोटा-सा अंश।

पूरण—तू चाहुंदी हैं
दो रंगा विच
तीजा रंग वी होंद गवाए
लूणा!
एह संजो गा दे रंग
कोण मिलाए कोण मिटाए
एह मत्थे विच धुरों लिआए
मत्थे दा रंग कोण वटाए?
लूणा—पूरण!
लूणा दे रंगा विच
आपणा सूहा रंग मिला दे
नहीं ते संभव है कि लूणा
एस घर दा हर रंग जला दे
सब ते आपणा रंग चढ़ा दे
आपणे रंग दी लोथ बणा दे
तेरे रंग नूं

जिबहा करा दे
रंग-मत्ती देस कथा दा
हर अक्खर
बे रंग बणा दे

पूरण—जो लूणा चाहे करथए
चंगा ही है, जे पूरण दा
एह बे-रंगा रंग मर गए
रंग-हीण एस घर दे रंग नूं
मेरे लहू दा रंग चढ़ाये
रंग-विहूणी एस दुनियां विच
पूरण हुण,
जीऊणाँ ना चाहे
मैथों मेरे रंगा दी धुप
मां अग्गे ना
वेची जाए।

लूणा—पूरण!
जे तूं धुप न वेची
मैं आपणी छां वेच देयांगी
धुप बिण जी के वेख चुकी हां
छां बिण जी के
वेख लवां गी।

अपना अस्तित्व रखते हुए भी प्रेम की राह पर एक-दूसरे के प्रति समर्पण का यह भाव बोध पंजाबी साहित्य की विशेषता है।

समकालीन पंजाबी भाषा भारत की एक समृद्ध भाषा है। इसी भाषा के शब्दों में जो कसक और जो रड़क है, जो जोश और खरोश है, धीमी-सी आँच और जो गहराई है, वह सब मिलाकर हमें ऐसा साहित्य देती है और सीधे दिल के रास्ते हमारी रगों में उतर जाता है।

पंजाबी साहित्य अब प्रतीकों में बात करता है। यों अजीत कौर, हरभजन सिंह, प्रभजोत कौर, मोहिंद कौर गिल और मनजीत टिवाणा आदि ने अपने-अपने तरीके अपने-अपने अनुभवों को समकालीन परिवेश में ढाला है। पर अमृता प्रीतम की यह पंक्तियाँ आज के माहौल से पैदा हुए दर्द को एक मर्म भरा स्वर देती हैं। वह वारिसशाह से जुड़ती हैं तो वारिसशाह और अमृता प्रीतम के बीच फैला एक लंबा समय साकार हो उठता है।

अज आखां वारिश शाह नूं कित्ते कबरा विच्चों बोल

ते अज्ज किताबे इशक दा, कोई अगला वरका फोल
इक रोई सी धी पंजाब दी, तूं लिख लिख मारे वैण
अज्ज लक्खां धीयां रोंदिया, तैनूं वारिस शाह नूं कैहण
वे दर्दमन्दां दया दर्दिया, उठ तक अपणा पंजाब
अज्ज वेहड़े लाशां विच्छियाँ, ते लहू दी भरी चिनाब।

कितना दर्द। कितनी गहराई और कितना सामयिक। एक ओर ऐसा सशक्त लेखन। दूसरी ओर बेइन्ताह लोक-साहित्य जो लोक-परंपराओं, रीति रिवाजों से जुड़कर पंजाबी भाषा, और पंजाब की मिली-जुली संस्कृति को एक ऐसी अपूर्व पहचान देता है, जिस पहचान का सीधा रिश्ता हमारी धड़कनों से है।

भारतीय जन के व्यक्तित्व के निर्माण में संस्कृति की भूमिका

किसी भी व्यक्ति या कौम के व्यक्तित्व के निर्माण में संस्कृति क्या भूमिका अदा करती है? यह वाकई एक दिलचस्प खोज हो सकती है, दिलचस्प इसलिए कि 'व्यक्तित्व' तथा 'संस्कृति' के सूक्ष्म सूत्रों को पकड़ने में चूक की गुंजाइश हमेशा बनी रहती है, व्यक्तित्व सिर्फ व्यक्ति का ही क्यों, संस्कृति का भी होता है और इस मायने में एक बड़ा व्यक्तित्व जन के व्यक्तित्व के निर्माण में सहायक होता है।

यों टेक्नॉलॉजी के दबावों के परिणामस्वरूप गति इतनी बढ़ी है, सीमाएँ इतनी संकुचित हुई हैं और 'टाइम-स्पान' इतना कम हुआ है कि किसी भी देश की विशुद्ध संस्कृति की खोज या केवल उसी देश के सांस्कृतिक दबावों की बात करना बेमानी लग सकता है और इस खोज में हम भटक भी सकते हैं। इस भटकाव से बचने का रास्ता यही नज़र आता है कि हम दूसरी संस्कृतियों के प्रभावों को स्वीकार करते हुए अपनी संस्कृति के स्वरूप तथा उसके होने वाले प्रभावों को रेखांकित करें।

भारतीय संदर्भों में संस्कृति तथा धर्म और धर्म और दर्शन को इतना मिला कर देखा जाता रहा है कि इनमें फर्क करना कई बार मुश्किल लगता है। फिर भी यह मानना होगा कि संस्कृति का स्वरूप धर्म की तरह से कठोर न होकर काफी लचीला होता है और रहा है, अभी भी है।

संस्कृति अपने लचीलेपन के बावजूद बहुत धीरे बदलती है और बिल्कुल अपनी इसी प्रक्रिया के अनुरूप वह व्यक्ति के व्यक्तित्व को भी धीरे-धीरे प्रभावित करती है, लेकिन यह प्रभाव इतना गहरा और असरदार होता है कि वह मात्र प्रभाव न रहकर उसके व्यक्तित्व का हिस्सा ही बन जाता है। संस्कृति के यही प्रभाव ही तो व्यक्तित्व का निर्माण करते हैं और हम किसी भी व्यक्ति से बात करके यह जान लेते हैं कि वह कितना सुसंस्कृत या असंस्कृत है।

आइए, अब ज़रा भारतीय संदर्भों में संस्कृति के स्वरूप को पहचानने की कोशिश

करें। हम जब भारतीय संस्कृति कहते हैं तो हमारा अर्थ विभिन्न संस्कृतियों के सम्मिलित रूप से होता है। यह सम्मिलित रूप क्या है? हमारे देश में जैन धर्म या बौद्ध धर्म तो है, लेकिन जैन संस्कृति या बौद्ध संस्कृति नाम की कोई चीज़ नहीं। हिंदू संस्कृति या मुस्लिम संस्कृति की बात हो सकती है, क्योंकि उनके स्वरूप में भिन्नता है। कई तरह से एकरूपता भी है। इसी प्रकार से आभिजात्य संस्कृति या लोक संस्कृति की बात कर सकते हैं। आभिजात्य संस्कृति के तौर तरीके या मूल्य लोक संस्कृति के मूल्यों से अलग हो सकते हैं। इसी तरह से पाश्चात्य संस्कृति का अलग स्वरूप है और उससे हमारी संस्कृति भी प्रभावित है। तो यह सब मिलकर जिस संस्कृति का निर्माण करते हैं, वहीं तो भारतीय संस्कृति है यानी संस्कृति का एक समग्र रूप। यही समग्र रूप ही आज जन के व्यक्तित्व के निर्माण में अपनी भूमिका अदा कर रहा है।

अब प्रश्न यह कि यह संस्कृति किस तरह से व्यक्तित्व के निर्माण में सहायक हो रही है? भारतीय जन जितनी तेज़ी से बाहरी तौर पर बदला है, अंदर से उतनी तेज़ी से नहीं बदल पाया। यहाँ यह कहना अनावश्यक न होगा कि उसका यह बाहरी बदलाव सांस्कृतिक दबावों के परिणामस्वरूप न होकर सभ्यता के विकासमान प्रतीकों को अपना लेने के कारण है। उसकी वेश-भूषा, रहने का ढंग, चाल-ढाल बदला है, यह भी उसके व्यक्तित्व का हिस्सा ज़रूर है, लेकिन यह प्रभाव तेज़ी से बदलती हुई सभ्यता का है। यानी सभ्यता बाहरी तौर पर तो व्यक्ति को आमूल बदल सकती है, लेकिन उसके मूल्यों, उसके आदर्शों को नहीं। वह मूल्य और आदर्श बचाकर रख सके, यहीं संस्कृति की भूमिका शुरू होती है। संस्कृति मात्र इतना ही नहीं करती, वो व्यक्ति को संस्कार भी देती है।

भारतीय संस्कृति पर भाषा के हमले के बाद दृश्य एवं श्रव्य माध्यमों से विदेशी संस्कृति के हमले हुए हैं, लेकिन उन सभी हमलों को हमारी संस्कृति ने झेला है। अगर कोई अच्छी बात मिली है तो ग्रहण किया है और अवांछित तत्त्वों को अस्वीकार किया है।

आर्थिक दबावों तथा पाश्चात्य संस्कृति के प्रभाव के बावजूद आज भी भारतीय जन 'वसुधैव कुटुम्बकम्' को आदर्श मानता है। यह सीख संस्कृति ही देती है कि वह बड़ों के प्रति सम्मान देने के भाव तथा घर पर आए मेहमान के स्वागत की आदत को अपने व्यक्तित्व का ही एक हिस्सा बना लेता है। उन सबके लिए उसे कोई अतिरिक्त प्रयास नहीं करना पड़ता, बल्कि यह सांस्कृतिक मूल्य परंपरा से उसे परिवार और समाज के माध्यम से मिलते हैं। इनसे न वह जूझता है, न अस्वीकार करता है, बल्कि उन्हें अपने व्यक्तित्व की पहचान के लिए आवश्यक मानता है। इन मूल्यों को अभिव्यक्त करने के तरीकों में अंतर अवश्य आया है, लेकिन फिर कहना होगा कि यह अंतर भौतिक-विकास के कारण या दूसरे दबावों के फलस्वरूप

आया है। मूल भाव या मूल चेतना आज भी वही है, तो क्या हम इस बात को महत्त्वपूर्ण नहीं मानें कि पश्चिम की बड़बोली संस्कृति के हमलों के बावजूद भारतीय जन अपनी संस्कृति की इयत्ता को सिर्फ पहचानता ही नहीं, उसे स्वीकार भी करता है। तभी तो हज़ारों सालों की परंपरा किसी न किसी रूप में ज़िंदा है और भारतीय जन के व्यक्तित्व को कुंठित होने से बचा रही है।

यह बात बहुत दूर की नहीं है कि अमरीकी संस्कृति की 'बाई-प्रोडक्ट' 'हिप्पी संस्कृति' का हमला पूरे ज़ोर से हुआ और हताशा, कुंठा, आक्रोश तथा निराशा के स्वर सुनाई पड़ने लगे। युवा-वर्ग नशीली दवाइयों का शिकार होने लगा। इस सांस्कृतिक हमले ने एक पूरी की पूरी पीढ़ी को कुंठाग्रस्त करने का प्रयास किया, लेकिन यह स्वीकार करना ही होगा कि ऐसा मात्र अपनी संस्कृति की भूमिका के कारण संभव नहीं हो सका। और दूसरी किस्म की जानकारियों में जाकर यह तो कहा ही जा सकता है कि आज भारतीय जन फिर से पूरी तरह से स्वस्थ सांस्कृतिक हवा में साँस ले रहा है।

आज केवल शहरी आभिजात्य संस्कृति नहीं, बल्कि लोक संस्कृति तथा उसकी समृद्ध परंपरा को साहित्य, संगीत, चित्रकला तथा रंगमंच के माध्यम से अभिव्यक्ति मिलने लगी है। संगीत के क्षेत्र में फिलहाल एक वर्ग अभी भी ऐसा है, जो पॉप या डिस्को संगीत का दीवाना है, लेकिन वह कहीं भी उनके व्यक्तित्व के निर्माण में सहायक नहीं हो रहा। लोक नृत्यों, नाटक में लोक नाट्य, शैलियों की प्रसिद्धि तथा विशुद्ध मानवीय मूल्यों की रक्षा के प्रति जो सजगता नज़र आ रही है, उसके पीछे संस्कृति की भूमिका सर्वाधिक महत्त्वपूर्ण है।

भारत इतना बड़ा देश है और प्रत्येक राज्य तथा लोगों की समृद्ध सांस्कृतिक परंपराएँ हैं। संस्कृति की विरासत से ही उन्हें विवाह के अवसरों या अन्य उत्सवों पर गाए जाने वाले गीत मिले हैं, संगीत मिला है, चित्रकला मिली है, भित्ति चित्रकला का स्वरूप मिला है। यह कोई नगण्य बातें नहीं, बल्कि महत्त्वपूर्ण हैं और धीरे-धीरे भारतीय जन के व्यक्तित्व में इतनी रच-पच जाती हैं कि घूम-घूमकर उन्हीं की ओर लौटता है। उन्हीं में अपना अस्तित्व खोजता है, उन्हीं से उदात्त मूल्य प्राप्त करता है। उन्हें ही वो नए-नए अर्थ देता है और इस तरह से वह अपने व्यक्तित्व को बहुआयामी रूप देता है। तब वह मात्र इंसान नहीं, एक बेहतर इंसान बनने की प्रक्रिया से गुज़रता है।

यही! बेहतर इंसान बनने में ही तो सहायक है संस्कृति।

संस्कृति उपदेश नहीं होती, संस्कृति कुछ करने या न करने की सलाह भी नहीं देती। संस्कृति संस्कार देती है, जो धीरे-धीरे हमारे व्यक्तित्व को निखारते हैं। संस्कृति साक्षरता भी नहीं, बल्कि समझ है। फिर यही वजह है कि भारतीय जन-समुदाय का एक बड़ा वर्ग निरक्षर भले ही है, लेकिन असंस्कृत नहीं है। किताबों के बीच

से न गुज़रे होने के बावजूद वह अपनी संस्कृति को पहचानता ज़रूर है। यहाँ पर संस्कृति की भूमिका और भी महत्त्वपूर्ण हो जाती है। शिक्षित व्यक्ति तो जागरूक होकर संस्कृति को ग्रहण करता है, लेकिन अशिक्षित व्यक्ति के व्यक्तित्व के निर्माण में संस्कृति अपनी भूमिका इस तरह से अदा करती है कि वह जानता ही नहीं कि वह समृद्ध सांस्कृतिक परंपरा के मूलभूत आदर्शों को आत्मसात् करके आगे बढ़ा रहा है।

भारतीय जन का व्यक्तित्व बदला है, उसकी भूमिकाएँ बदली हैं। इसी तरह से संस्कृति का स्वरूप भी बदला है। कुछ घटा है। कुछ बढ़ा है, लेकिन अपने मानवीय आधार, उदात्त मूल्यों तथा संस्कारित करने की क्षमता को उसने नहीं छोड़ा और अनेकानेक यांत्रिक दबावों, विश्वयुद्ध जैसे अमानवीय कृत्यों तथा भौतिक उपलब्धियों की होड़ के बावजूद संस्कृति ने भारतीय जन को उदार, सहिष्णु तथा प्रयोगशील बनाया है। उसका व्यक्ति संस्कृति से केवल निर्मित ही नहीं होता बल्कि वह उन मूल्यों, आदर्शों और परंपराओं को आगे भी बढ़ाता है। संस्कृति ने ही भारतीय जन के व्यक्तित्व को कुण्ठित होने से बचाया है और एक ऐसी समझ दी है कि मात्र अपने परिवार, समाज या देश के बारे में ही नहीं, बल्कि पूरे विश्व के कल्याण की कामना करता है। वह आदर देना जानता है, प्यार देना जानता है। कलाओं का मर्म समझने की कोशिश करता है और लगातार एक बेहतर से बेहतर इंसान होने की चेष्टा करता है।

हम यह मानकर अपनी बात खत्म करते हैं कि यही तो वो भूमिका है जो संस्कृति भारतीय जन के व्यक्तित्व के निर्माण में अदा कर रही है।

आज की हिंदी कविता : कुछ प्रभाव

कविता की अविरल धारा को दशकों में बाँटकर देखना मुमकिन नहीं है। फिर भी हम सुविधा के लिए ऐसा करते हैं। यह भी सही है कि कविता के सरोकारों में बल का बदल होता रहता है, पर अंततः कविता-कर्म का धर्म आदमी को आनंद देते हुए संस्कारित करना ही है। वह परेशान भी करती है तो भी किसी बदलाव के लिए हमें तैयार करती है। यह बदलाव प्रेय से श्रेय की ओर न हो, मम से जन की ओर न हो तो कविता की भूमिका अधूरी रह जाती है। यह मानते हुए भी कि कविता अपनी चित्ति में ही कहीं आत्मनिष्ठ होती है, वस्तुनिष्ठता को आमूल खारिज नहीं कर सकती। संभवतः यही वह संतुलन बिंदु है जिसे साधने के लिए हर कवि काव्य-कर्म में रत रहता है।

हिंदी में पचास के बाद कविता में जो तेज़ी से बदलाव आए हैं, वही हमें कविता के पीछे त्वरित रूप से बदलने वाली वैचारिकता को समझने के लिए प्रेरित करते हैं। राष्ट्रसंघ द्वारा घोषित मानव-मूल्यों से जुड़ाव एवं पश्चिमी काव्यांदोलनों के प्रभाव से हिंदी कविता चालीस के बाद ही तेज़ी से बदलने लगी थी। फिर नेहरू-युग में समाजवादी चिंतन को कविता ने आत्मसात किया। समाजवादी चिंतन के साथ मार्क्सवादी चिंतन के प्रभाव में हिंदी कविता को सामाजिक क्रांति का एक हथियार बनाकर पेश करने की कोशिशें भी हुईं। यहीं पर सबसे बड़ी भूल हुई। कवियों की पहली चिंता कविता न रहकर वैचारिक या दार्शनिकता हो गई। इसी के साथ दूसरे काव्यांदोलन भी पनपे। वे या तो आवेगजन्य कविता को तरजीह देते रहे या फिर विचारजन्य कविता को। आवेग को आवेश में और विचार को विचारवाद या विचारधारा में बदलते देर नहीं लगी। जहाँ भी अनुभव-जन्य आवेग या विचार कविता में रम सके, कविता बची रही। पर आवेग, विचार एवं दर्शन के अतिरिक्त आग्रह ने कविता को एक जकड़ में ले लिया, जिससे अहित कविता का ही हुआ।

कविता क्रांति नहीं कर सकती। इस बात का एहसास प्रगतिशील कवियों को

बहुत देर बाद हुआ। पर जो भी हो, यह तो मानना ही पड़ेगा कि कविता क्रांति भले ही न कर पाती हो, उसकी एक प्रतिरोधी भूमिका ज़रूर होती है। व्यक्ति को संस्कारित करते हुए कविता की प्रतिरोधी भूमिका बहुत मूल्यवान वस्तु है। तरह-तरह की जकड़नों से हिंदी कविता यों तो 70 के बाद से ही मुक्त होनी शुरू हो गई थी, पर कविता की निरर्थकता का एहसास अधिकांश कवियों को सन् 74 में हो गया था। आपातूकाल के दौर में अन्य कलाओं की तरह से कविता में भी एक सन्नाटा था। हाँ इस सन्नाटे को भी एक भाषा या एक लंबी कविता मान लिया जाए तो बात दूसरी है।

बहरहाल कविता के खुलने का दौर रुका नहीं। पिछले पंद्रह-बीस सालों और खास-तौर पर नवें दशक में हिंदी कविता ने स्वयं को तरह-तरह की जकड़बंदियों से मुक्त किया है। इस दौर के कवियों ने किसी राजनीतिक दल का भोंपू बनने से इनकार किया तो दूसरी ओर कविता के लिए ऐसी भाषा का आविष्कार किया, जिसमें वैचारिक संतुलन तो हो, पर आवेग-जन्य शैथिल्य न हो। ऐसी भाषा जो आम आदमी के इर्द-गिर्द घूमती हो। बोलचाल की भाषा। बाज़ार की भाषा। किताबों और अख़बारी भाषा से कविता ने परहेज़ किया। यह काम आसान नहीं था। पर ऐसा हुआ। बहुत सामान्य-सी लगने वाली भाषा में नए प्रतीकों की खोज हुई। उनका इस्तेमाल भी हुआ। बिंब रचने की प्रक्रिया भी बदली। छायावादी सघन बिंबों या बाद की कविता के उलझे एवं अस्पष्ट बिंबों की जगह सहज और बिखरे हुए बिंब कविता में आने लगे। यह कविता के बदलने की एक दिशा थी।

इससे भी महत्त्वपूर्ण बात जो पिछले दशक की कविता में हुई, वह यह कि कविता के लिए कच्चा माल जुटाने के पीछे की दृष्टि बदली है। ऐसा नहीं कि ऐसे विषयों को 'वस्तु' के रूप में पहले कभी हिंदी कविता ने इस्तेमाल ही नहीं किया था। ज़रूर किया था, पर इधर की कविता में यह केंद्र में आ गए। माँ, बच्चा, लड़की, औरत, पिता आदि संबंधों को केंद्र में रखकर हिंदी में इससे पहले इतना काव्य-सृजन कभी नहीं हुआ, जितना कि पिछले दशक में। इसके साथ जुड़ा हुआ जो ख़तरा था, वह भी सामने आया। फूल, चिड़िया, पत्ती जब कविता में बहुत आने लगे तो यह प्रतीक विशिष्ट प्रतीक न बनकर सामान्य प्रतीक बन गए और मज़ाक के केंद्र भी। ऐसा अक्सर होता है कि किन्हीं दो-चार कविताओं की अतिरिक्त चर्चा, सम्मान, पुरस्कार आदि उसी तरह की अनेक कविताओं को जन्म देते हैं। यह कविताएँ कवि के अपने संवेदन से कम, बाहरी दबाव के कारण अधिक लिखी जाती हैं। संवेदन के अभाव में शब्दों का एक पिरामिड तो हमारे सामने आ जाता है, पर कविता नहीं। इसी दौर में आँख खोल रही पीढ़ी जल्दी ही इन शब्दों को एक क्लिशे के रूप में स्वीकार कर लेती है और वैसी ही कविताएँ लिखने लगती है। ऐसा ही इधर के कुछ युवा कवियों में नज़र आ रहा है।

इसी तरह से पिछले 10-15 वर्षों की कविता में धर्म पर और धर्म के बहाने सांप्रदायिकता पर गहरी चोटें हुई हैं। यह कविता राम, कृष्ण आदि को धार्मिक प्रतीकों के रूप में भी खारिज करती लगती है और उन्हें सामान्य मनुष्य के स्तर पर ही प्रतिष्ठित करना चाहती है। दलित, पिछड़े लोगों, बँधुआ, जाति-गत भेद-भाव आदि भी कविता का विषय बने हैं। मज़दूर भी विषय है, पर उसके प्रति कवि का दृष्टिकोण बदला है। वह मज़दूर को केवल शोषित के रूप में ही न देखकर उसके अंदर भी शोषण करने वाले मन को पकड़ता है। यानी कविता में दया की गुंजाइश खत्म हुई है। भक्ति के स्थान पर करुणा रखकर कुछ कविताओं की व्याख्या करने की पेशकश भी इधर हुई है। पर भक्ति और करुणा दोनों ही शब्द इतने रूढ़ हैं कि इन औज़ारों से आज की कविता को समझ लेने की कोशिश सही नहीं लगती।

इधर की कवयित्रियों ने नारी को नए सिरे से समझने की कोशिश की है। इस समझ की अनुगूँज इस दौर की कविताओं में मिलने लगी है। अपने बेटे को लेकर, अपने पति को लेकर, पुरुष समाज को लेकर या पिता को लेकर अनेक अच्छी कविताएँ हिंदी में लिखी गई हैं। लिखी जा रही हैं। यहाँ परिवर्तन अनुभव-जन्य है और मूल्य-गत भी। सारी की सारी सोच को उलटकर भी देखा जा सकता है, ऐसा एहसास दिलाती हैं यह कविताएँ।

जैसा कि पहले कहा इस दौर की कविता को मुक्ति-दौर की कविता कहा जाना चाहिए। इसमें कहीं संभ्रम की स्थिति भी हो तो यह स्थिति जकड़न की स्थिति से बेहतर है। जबकि ऐसी स्थिति है नहीं। आज की कविता अपेक्षाकृत अधिक मैच्योर है। फिर भी आज की कविताओं में भी अपनी तमाम विविधता के बावजूद हर दौर की तरह से आई एकरसता से भी बिल्कुल इनकार नहीं किया जा सकता। न केवल वस्तुगत एप्रोच के स्तर पर अपितु अभिव्यक्ति के तरीकों के स्तर पर हिंदी कविता पिछले दशक में बहुत बदली है। कुछ नई विधाएँ भी आई हैं, जिन पर विचार करना ज़रूरी लगता है।

छंदबद्ध, गीत, नवगीत आदि से हिंदी कविता गुज़री है। नवगीत अपनी जगह पर पहुँचकर स्थिर हो गया। नवगीत कम लिखे जा रहे हैं, पर इधर हिंदी में जिस विधा ने सबसे ज़्यादा ज़ोर पकड़ा है, वह है ग़ज़ल। हिंदी में यह एक नई विधा है, उर्दू के अनेक विद्वान जब ग़ज़ल को ख़ारिज कर रहे थे, तब हिंदी में ग़ज़ल का प्रवेश हो रहा था। दुष्यंत कुमार से शुरू होकर ग़ज़ल ने एक लंबा रास्ता तय किया है और अब हिंदी की ग़ज़ल ने न केवल अपना मुहावरा अर्जित किया, बल्कि दूसरी भाषाओं में भी कवियों को ग़ज़ल कहने को प्रेरित किया है। हिंदी ग़ज़ल के विषय का चुनाव उर्दू ग़ज़ल की तरह से सागर, मीना, साकी, शमा और परवाने तक नहीं रहा, बल्कि मज़लूम और पिछड़े, हारे और टूटे हुए लोग भी हिंदी ग़ज़ल का विषय बने हैं। राजनीति, धर्म, सामाजिक आडंबर के हर कमजोर बिंदु पर तेज़ चोट की

है। अब तो यह भी कहा जाने लगा है कि हिंदी ग़ज़ल उर्दू ग़ज़ल को प्रभावित कर रही है कि वहाँ भी इसी तरह के विषय ग़ज़ल में आने लगे हैं।

एक और काव्य-विधा जो इस दौर में तेज़ी से विकसित हुई वह है लंबी कविता। लंबी कविता पर हुई बहसों से यह नतीजा निकालना मुश्किल है कि लंबी कविता प्रबंधकाव्य के विकल्प के रूप में आई या इसका विकास अपने परिवेश के दबावों के कारण हुआ है। वस्तुतः कोई विधा किसी का विकल्प हो नहीं सकती। भले ही मन के किसी गह्वर में ऐसे कारण हों, जो हमारी पकड़ में पूरी तरह से न आ सकें, पर परिवेशगत सच्चाइयों को नकारा नहीं जा सकता।

अनेक कवियों के पास कहने को कुछ था, जो वे अपनी दूसरी कविताओं में संभवतः बाँध नहीं पा रहे थे, तो लंबी कविता एक सशक्त विधा के रूप में उभरकर सामने आई। यहाँ भी देखादेखी अनेक कवियों ने लंबी कविताएँ लिखीं पर वह सिर्फ रस्म अदायगी ही लगती है। वस्तुतः एक न टाल सकने वाली ज़रूरत के रूप में जिन कवियों ने लंबी कविता को एक विधा के रूप में विकसित किया है, वहाँ कविताएँ महत्त्वपूर्ण बन पड़ी हैं।

यों छोटी कविता, लघु कविता या क्षणिका नाम से भी काव्य-लेखन हुआ, इनमें से भी अनेक छोटी कविताएँ बहुत मारक और असरदार हैं, पर इन कविताओं के सहारे कोई कवि-व्यक्तित्व अभी तक खड़ा नहीं हुआ। कुछ पुराने छंदों का नया प्रयोग करने की इच्छा भी जगी है। दोहे लिखे जा रहे हैं या ब्रजभाषा में कविता लिखी जा रही है, पर यह प्रयास इतने छितरे-छितरे हैं कि कोई समग्र चेहरा सामने नहीं आता।

हिंदी कविता का चेहरा आज खुला चेहरा है। मीडिया के दबावों के तमाम शोर के बावजूद हिंदी कवियों की जमात कोई कम नहीं हुई। कविता में यह विश्वास और आस्था ही इस बात का सबूत है कि कविता कभी मरने वाली नहीं और आने वाले समय में कविता मीडिया पर भी हावी होगी।

यह आलेख लिखते हुए प्रमुख रूप से जो कवि मेरे ज़हन में रहे वे हैं—अज्ञेय, मुक्तिबोध, नागार्जुन, सर्वेश्वर, रघुवीर सहाय, श्रीकांत वर्मा, रामदरश मिश्र, जगदीश चतुर्वेदी, ललित शुक्ल, नरेंद्रमोहन, मंगलेश डबराल, गगन गिल, शशि सहगल, कुमार विकल, इंदु जैन, मनोज सोनकर, सुखबीर सिंह, दुष्यंतकुमार, अदम गोंडवी, ज्ञान प्रकाश विवेक आदि।

और अंत में दो टिप्पणियाँ

सत्ता और साहित्यकार

विश्व के इतिहास में सत्ता के नियंत्रण में इतने लोग कभी भी नहीं रहे, जितने आज हैं। आने वाले कल में यह संख्या और भी बढ़ेगी। फिलहाल वर्तमान की बात करें तो यह भी निश्चित है कि इतने बड़े पैमाने पर सत्ता का शिकंजा कभी भी इतना मज़बूत नहीं रहा, जितना आज है। इसलिए साहित्यकार के सामने ख़तरे पहले से कहीं ज़्यादा और तेज़ हैं।

सत्ता के स्वार्थ-रूप भले ही बदले हों, लेकिन मूल रूप से स्वार्थ भाव पहले से कहीं ज़्यादा हुआ है। सत्ता आज पहले से कहीं ज़्यादा चालाक हुई है और साहित्यकार अपनी तमाम प्रतिभा के बावजूद उसके सामने छोटा साबित हो रहा है। सत्ता साहित्यकार को बेहद सूक्ष्म तरीकों से भ्रष्ट करने में लगी है और साहित्यकार या तो भ्रष्ट हो रहा है या फिर किनाराकशी करके यूटोपिया में जी रहा है।

सत्ता के नियंत्रण में संचार और प्रचार माध्यम साहित्यकार को अपनी ओर आकर्षित करते हैं। वे बुलाते हैं 'आओ अपनी बात कहो' लेकिन सत्य यह है कि इन माध्यमों से वही बात प्रसारित प्रचारित हो सकती है, जो सत्ता चाहती है। सत्ता साहित्यकार की विरोधी मुद्राओं को तभी तक स्वीकार करती है, जब तक वे मुद्राएँ उसके लिए ख़तरा नहीं बनतीं। किसी भी दिशा से आने वाली चुनौतियों को सत्ता बर्दाश्त नहीं करती। साहित्यकार में चुनौती देने की क्षमता है, वह चुनौती देता भी है, लेकिन आज कोई बड़ी चुनौती भी साहित्यकार के माध्यम से नहीं आ रही। वह भी तब जबकि सत्ता के स्वार्थ बेपर्दा हैं, वे साफ-साफ नज़र आते हैं। सत्ता और साहित्यकार के बीच की लड़ाई मूल्यों को लेकर शुरू होती है और किसी बिंदु पर वह समझौतों में बदल जाती है।

आज सत्ता आज़ादी की बात करती है। जबकि साहित्यकार आजादी के साथ समानता की बात करता है। बल्कि वह समानता पर आज़ादी से ज़्यादा ज़ोर देता है। सत्ता समानता से अधिक ज़ोर स्वतंत्रता पर देती है, क्योंकि स्वतंत्रता का एक

मिथ है। पूर्ण समानता भी मिथ ही है, लेकिन असमानता की खाइयों को कम ज़रूर किया जा सकता है। साहित्यकार अपनी तमाम कमियों के बावजूद समानता के लिए लड़ता है। सत्ता के लिए स्वतंत्रता और समानता मात्र नारे हैं, जबकि साहित्यकार के लिए यह मूल्य हैं। नारे और मूल्य के बीच जो लड़ाई हो सकती है, वही लड़ाई सत्ता और साहित्यकार के बीच भी है। वैचारिक स्तर पर यह लड़ाई जारी है। लेकिन क्या घट जाता है ऐसा कि सत्ता के संपर्क में आने के बाद साहित्यकार सुविधाभोगी और समझौतापरस्त हो जाता है। तब वह सत्ता का मार्गदर्शक न रहकर उसका पिछलग्गू बन जाता है। और सत्ता की भाषा को वह अपने मुहावरों में पेश करता है। वह आग, भूख, बेकारी, संतोष की बात कम और अहिंसा की बात अधिक करता है।

सत्ता और साहित्यकार के बीच आज जो थोड़ा बहुत कान्फ्रन्टेशन है, क्या उससे कुछ बदलाव लाने की संभावनाओं पर विचार किया जा सकता है? क्या यह मात्र एक सुखदायी भ्रम नहीं लगता कि साहित्यकार ऐसा कुछ करेगा, जिससे सत्ता स्वार्थलोलुप होने के बजाय लोकहित के लिए गंभीर रूप से कुछ करे। यह प्रश्न इसलिए उठता है कि आज जो साहित्यकार सत्ता के साथ हैं, वे सत्ता के स्वरूप को बदलने में कितने समर्थ साबित हो रहे हैं? क्या उन्होंने वाकई कोई बड़े परिवर्तन किए हैं या कि स्वागत-समितियाँ, पुरस्कार योजनाएँ और थोक खरीद के रेले-पेले में मात्र सत्ता के निहित स्वार्थों की पूर्ति के यंत्र बने हुए हैं? क्या हमें यह स्वीकार नहीं कर लेना चाहिए कि इस अवसरवादिता और समझौतापरस्ती के दौर में साहित्यकार भी समाज के दूसरे घटकों की तरह से ही डिजेनरेट हो गया है और इस डिजेनरेशन की प्रक्रिया रुकी नहीं, बल्कि अपनी पूरी गति पर है।

सत्ता की सेवाएँ लोगों के लिए हैं। कुछ विशिष्ट सेवाएँ कुछ विशिष्ट लोगों के लिए हैं और कुछ अति विशिष्ट सेवाएँ अति विशिष्ट लोगों के लिए हैं। साहित्यकार की सेवाएँ यह वर्ग भेद नहीं करती हैं, वह तो पूरी मानवजाति की बात करता है। वह वृहद् मूल्यों की बात करता है। वह विश्व मंगल की बात करता है। क्या आज वह यह सब कर रहा है?

आज जब वैज्ञानिक और प्राविधिक रूप से दुनिया अपने चरमोत्कर्ष पर है। इस सारे विकास ने ही सत्ता के शिकंजे को मज़बूत किया है। सत्ता के पास साधन हैं। वह साधनों के बल पर ही साहित्यकार को प्रश्रय देती है। वह वैज्ञानिक को प्रश्रय देती है। वह मात्र प्रश्रय ही नहीं देती, उन्हें इस्तेमाल भी करती है। सत्ता साहित्यकार को भी वैज्ञानिक की ही तरह से इस्तेमाल करती है। वैज्ञानिक इससे बच नहीं सकता, लेबोट्री और अनुसंधान पर होने वाले भारी खर्चे वैज्ञानिक नहीं जुटा पाता, इसलिए वह सत्ता के नियंत्रण में है। वह आविष्कार करता है, उसे इस्तेमाल करती है सत्ता। इस्तेमाल करने का विवेक साहित्यकार ही दे सकता है, लेकिन सत्ता वैज्ञानिक की तरह से साहित्यकार को भी इस्तेमाल करती है।

फिर भी साहित्यकार की मार से सत्ता बच नहीं सकती। साहित्यकार की अवधारणाओं, मान्यताओं और मूल्यों की अपनी सर्जनाओं में वह महीन बुनावट करता है। सत्ता के केंद्र में बैठा व्यक्ति यदि कहीं और कभी भी उन सर्जनाओं के संपर्क में आया है तो शायद वही कुछ ऐसा है जो उसे सही और ग़लत का विवेक देता है। लेकिन यहाँ वह व्यक्ति होता है, सत्ता नहीं। सत्ता के रूप में वह वैज्ञानिक और साहित्यकार को एक ही तरह से इस्तेमाल करता है। वह साहित्यकार से यशोगान माँगता है। यानी सत्ता साहित्यकार को प्रचार दूत के रूप में इस्तेमाल करती है। यों प्रसंगवश याद किया जा सकता है होमर, वर्जिल और कालिदास को, बिहारी और तानसेन को जिन्होंने साहित्य और संगीत के क्षेत्र में सर्जना की नई बुलंदियों को हासिल किया। आज यह भी तो नहीं हो रहा है।

लगता है हम सभी मीडियाकर्स हैं। उसी दुनिया में रह रहे हैं फिर भी कुछ ऊँचा सोचने की कोशिश कर रहे हैं।

साहित्य और टेक्नॉलॉजी : रिश्तों की खोज

साहित्य और टेक्नॉलॉजी के आपसी रिश्तों की खोज की प्रक्रिया में हम सरलीकरण करने के ख़तरों के शिकार हो सकते हैं। उस स्थिति में हम टेक्नॉलॉजी के आतंकित करने वाले रूप को देख सकते हैं, उससे आतंकित होकर पस्त भी हो सकते हैं। उस स्थिति में साहित्य और टेक्नॉलॉजी के आपसी रिश्तों की खोज करना मुश्किल भी हो सकता है और भ्रमपूर्ण भी।

टेक्नॉलॉजी की कल्पना एक बड़े और भयंकर राक्षस के रूप में करें तो आदमी उसके सामने कोई हस्ती नहीं रखता। लेकिन हम यह कल्पना क्यों न करें कि वह राक्षस चाहे कितना भी बड़ा क्यों न हो, उसकी चाबी तो आदमी के ही हाथ में है। सिर्फ इतना ही नहीं कि आदमी उसे चलाता है, बल्कि उसका कार्यक्षेत्र भी निर्धारित करता है। इसलिए आदमी को लघु मान कर उसकी अस्मिता को चुनौती देना है।

साहित्य के प्रसार और प्रचार में टेक्नॉलॉजी की भूमिका क्या रही है और क्या है? इस प्रश्न के जवाब में विस्तार में जाने की ज़रूरत नहीं। दृश्य एवं श्रव्य माध्यम और संचार माध्यमों के अति विकसित रूप ने जहाँ साहित्य को देश की सीमाओं से एकदम मुक्त कर दिया है, उस तक किसी की भी आसान पहुँच हो गई है, वहीं दूसरी ओर वह लिखित शब्द की हत्या करने के लिए भी तैयार है।

सवाल यह है कि क्या वाकई टेक्नॉलॉजी ने अति विकसित देशों में शब्द की हत्या कर दी है और विकासशील देशों में यह प्रक्रिया अपनी चरम परिणति तक पहुँचने को है? बिना ब्यौरों के बावजूद यह सब जानते हैं कि टेक्नॉलॉजी के अति प्रसार के बाद अतिविकसित देशों में आज भी 'बैस्ट सेलर्स' आ रहे हैं। लाखों की संख्या में भारी-भरकम उपन्यास या दूसरा साहित्य महीनों और दिनों में ही समाप्त हो जाता है? आखिर क्यों?

मुझे इसके दो कारण लगते हैं, पहला तो यह कि टेक्नॉलॉजी अपने पूरे विकास के बाद आदमी की रोज़मर्रा की ज़रूरतें बहुत ही कम समय में पूरी कर देती है।

यानी दूसरे शब्दों में टेक्नॉलॉजी सिर्फ व्यस्त नहीं करती, व्यस्तता से जल्दी फुर्सत भी देती है। उन फुर्सत के क्षणों में या तो आदमी आडियो-वीडियो माध्यमों को अपना साथी बनाएगा या फिर किताब को। किताब न पढ़ने के पीछे तर्क यह है कि पढ़ना आनंद नहीं, ज़हमत है और आदमी ज़हमत से बचना चाहता है, इसलिए वह आडियो-वीडियो माध्यमों का सहारा लेकर आराम से उस ज़हमत से बच भी सकता है और देख या सुनकर मज़े से वक्त काट सकता है। इसलिए फुर्सत में ज़रूरी नहीं कि वह किताब पढ़े? तो साहब यह भी क्या ज़रूरी है कि वह किताब नाही पढ़े। श्रव्य-दृश्य माध्यमों की प्रचुर उपलब्धि के कारण साहित्य की मृत्यु निश्चित है, यह सही नहीं लगता। पहली बात तो यह कि श्रव्य-दृश्य माध्यमों से जो हमारे सामने आता है, उसमें भी एक बड़ा हिस्सा साहित्यिक कृतियों पर आधारित होता है। तो क्या हम ऐसी सर्जनाओं को साहित्य का ही हिस्सा नहीं मान सकते। नहीं मान सकते तो क्यों? साहित्य और आदमी के बीच संप्रेषण के माध्यम बदल जाने का अर्थ साहित्य की मौत नहीं हो सकता।

दूसरा कारण भी इसी से जुड़ा हआ है और थोड़ा सूक्ष्म भी। यह ठीक है कि अगर एक साहित्यिक कृति पढ़ने और उसी कृति पर आधारित कोई फिल्म या नाटक देखने में चुनाव करना हो तो संभवतः अधिकांशतः लोग फिल्म या नाटक का चुनाव करेंगे। लेकिन यह भी अक्सर देखा गया है कि किसी कृति पर आधारित फिल्म देखने से पूर्व.व्यक्ति उसे पढ़ना भी चाहता है। क्यों? या फिर जो पढ़ लेता है, वह फिल्म नहीं भी देखता। क्यों? इन सवालों के माध्यम से ही हम अपने जवाब तक पहुँच सकते हैं।

फिल्म या नाटक के माध्यम से व्यक्ति किसी भी रचना को उसी रूप में देखता है, जिस रूप में उसे दिखाया जाता है, यानी वह मार्गदर्शक होता है और दर्शक की हैसियत से वह वही ग्रहण करता है, जो कुछ सीमाओं में बँधकर उस तक पहुँच रहा है। रचना का आयाम निश्चित होता है। फिल्म का एक-एक फ्रेम तय होता है। पाठक (दर्शक/सहृदय) और रचना के बीच में फिल्म या नाटक एक एजेंट का काम करता है। इस प्रक्रिया में रचना में कुछ जुड़ने या फिर पूरी तरह से खंडित होने की सभी संभावनाएँ मौजूद हैं। अब पाठक को लें। वह रचना उठाता है, खोलता और पढ़ना शुरू कर देता है। इस प्रक्रिया में मात्र उसके और लेखक के बीच में मात्र शब्द हैं। यहाँ एजेंट शब्द है, फिल्मकार या कोई और नहीं यानी एक तरह से लेखक और पाठक के बीच सीधा रिश्ता होता है। इस सीधे रिश्ते से पाठक को लाभ यह है कि वह पढ़ने की प्रक्रिया में अपनी दुनिया खुद रचने के लिए आज़ाद होता है। यह उसका अपनी दुनिया रच लेना उसकी कल्पनाशीलता है, बल्कि सर्जनात्मकता है और सृजन के सुख से कोई इनकार नहीं कर सकता। अब उसके आयाम निश्चित नहीं होते, बल्कि अपनी सृजनशीलता से वह कई आयाम जोड़ता

है। वह मात्र पाठक नहीं होता, सर्जक भी होता है। तब वह आम भी नहीं होता, विशिष्ट हो जाता है। उसकी भी अपनी पहचान होती है। सर्जक होने की अदम्य आकांक्षा हर आदमी में मौजूद है और यही उसे लिखित शब्द की ओर आकर्षित करती है। वह शब्द के प्रति हमेशा आकर्षित रहेगा। ताकि वह सर्जक बना रह सके। इसलिए 'शब्द' की हत्या करने की क्षमता टेक्नॉलॉजी के पास है, यह मैं नहीं मानता। बल्कि टेक्नॉलॉजी ने तो 'शब्द' के प्रचार एवं प्रसार को संभव बनाया है। और असल में साहित्य और टेक्नॉलॉजी के इसी रिश्ते को रेखांकित करने की ज़रूरत है न कि उसके उस हत्यारे रूप की, जो सिर्फ हमारी कल्पना का एक विध्वंसक रूप हो सकता है।

□□□